이야기 공감

김정훈

새미

머리말

이야기란 지나간 역사의 사건이나 있음직한 일들을 내일을 위한 삶의 계획에서 말하는 것이다. 그래서 이야기는 목표를 정하지 못하고 어찌할 바를 몰라 갈팡질팡하는 인생길에서 방황하지 아니하고 삶의 길잡이가 되도록 분명한 방향을 제시해주는 것이다.

엠마오로 내려가는 예수님의 두 제자가 노상에서 부활한 예수 그리스도를 만났다. 그들은 가면서 서로가 이야기를 하는 가운데 그들은 가던 길을 멈추기도 하고
같이 머물기도 하고
서로가 식사도 했다.
결국 그들은 가는 길에서 돌아서서
다시 예루살렘으로 올라가는 인생길을 택했다.

이야기를 들으면 사람이 생각을 하게 되고 그 사고는 실천에로 향하게 하는 힘이 있다. 그래서 서로 이야기를 하다보면
눈이 밝아지기도 하고

마음이 뜨거워지기도 하고
가슴이 찡하기도 한다.
그래서 울고 웃고 하다가
솟구치는 용기와 함께 희망을 가지고 주어진 처지를 약진의 발판으로 삼아 자기 엑소더스를 하는 것이다.

좋은 이야기는 우리의 피곤을 덜어주기도 하고
위기에서 찬스를 가져오기도 하고
인간 삶의 현장을 희망으로 바꾸기도 한다.

그래서 공감이 가는 이야기들을 여러분과 같이 나누고 싶었다. 이 이야기들이 여러분의 마음에 꽃동산이 되고 인간 삶의 불행을 치료하는 양약이 되었으면 한다.

글을 쓰다보면 늘 부족한 점들이 많이 있다. 지적을 받아야 할 점들이 많이 있는 줄을 알면서도 그보다는 사람들이 이야기를 읽고 좌절에서 일어나 걸어가기를 바라는 간절한 마음이 더 커서 용기를 가지고 쓴다.

이 이야기 칼럼이 읽는 모든 사람에게 공감이 가고 마음에 솟구치는 용기와 희망에 살아가는 길잡이가 되었으면 하는 마음이 간절하다.

2020년 5월 4일
북한산 밑에서
관동대학교 명예교수 김정훈 목사

▌차 례

|머리말|

제1부 생각하는 이야기

15   기도로 아침의 창을 연다

18   은혜를 망각하면

22   붉은 죄 눈같이

27   똥파리 해외여행

33   생명줄 던져

39   말의 위력

45   기적에 산다

50   담소談笑(1)

54   담소談笑(2)

59   기름을 채우세 내 등불에

63   창조하는 삶

67   인내가 정상을 가게 한다

72   강의 단상

77   굴속의 토끼

81   사랑의 체크 리스트

임마누엘의 하나님   85

아름답게 늙어가기   90

좋은 아버지 되기   93

쓰리 웰   96

꽃노래 들노래   100

인생길 신호등   104

레미제라블   109

부름 받아 나선 이 몸   113

선진국민의 자세   118

절로 된 독립운동가   122

삶의 변화가 이름을 바꾼다   128

삶의 보람   132

나그네 손님과 천사   135

제2부 성서의 명상

141   나무들의 대화

146   예수냐, 바라바냐

150   생명을 거는 신앙고백

154   닮아 가기

159   동명이인의 시몬 10

163   동명이인의 유다 7

166   신행일치 야고보서

172   예수가 좋아하는 사람들

177   예수 그리스도의 정체성

180   통일유다 임금들의 명암明暗

186   기독교회 분열 셋 그 원인

192   죽었다 다시 산 사람들

코페르니쿠스적 전환　196

평생의 복, 영원의 하나님　200

십자가상의 예수　204

예수부활의 긍정과 부정　207

신망애가 살아있는 교회　210

비아돌로사 800m길　215

한센병자의 교훈　219

떡집의 떡　222

선택이 운명을 결정한다　225

대화가 영의 눈을 뜨게 한다　230

교회는 핸들이 없다　233

같은 정성 다른 제사　236

우상偶像　239

로고스가 문제를 해결한다　243

모세가 선포한 12저주　246

250   벨릭스 앞에 선 바울

254   굿 패밀리 쓰리

259   에스더서 일언

263   삼위일체 알아보기

267   제2의 종교개혁

271   25시 현대사회와 성서교육

275   드라마로 보는 작은 성경

제3부 문전에서 본 종교 단상

291   명상의 종교 불교Buddhism

295   윤리의 종교 유교Confucianism

302   사랑의 종교 기독교Christianity

신조의 종교 회회교Mohammedanism   306

계급의 종교 힌두교Hinduism   310

공의의 종교 유대교Judaism   313

제1부
생각하는 이야기

기도로 아침의 창을 연다

아침에 눈을 떴다.
어제 산 위로 밀어 올린 시지프스의 바위
변함없이 내 앞에 놓여 있다.
헝클어진 머리에 구슬땀을 흘리며
오늘도 나는 이 바위 산 위로 밀어 올리려 한다.

바위를 산 위로 밀어 올려야 하는 이 일을
모두가 시지프스의 영원한 형벌이라 하지만
할 일이 없는 괴로움은 더 큰 고통이요 죽음이다.

이 바위 밀어 올리는 내 마음에
오늘도 죽 끓듯 심한 변덕이 요동치지만
그래도 구하면 주시는 하나님이 계시기에
내 마음은 곧 정화수淨華水 같이 변한다.

여호와께서 목자 되사 내게 부족이 없음에 감사하고
주님과 같이 걸어가는 영생의 길에서
성령의 인도하심 따라 바른 삶 살고

죄의 유혹에 빠지지 않게 되기를 간절히 기도한다.

시지프스의 고통의 삶이 없으면 인간은 죽는다.
울음이 깃들인 어젯밤은 시온의 영광이 빛나는 아침이 되고
고통의 연자 맷돌을 돌리는 삼손이 영안이 밝아져
내일엔 다곤 신전의 돌기둥을 꺾듯
오늘 내 이마의 구슬땀은 내일 내 마음에 축복으로 찾아온다.

여호와가 나의 목자 되심에 감사하고,
정의와 진실이 티끌만큼도 없는 이 세상 속에서
나는 오늘도 유혹에 들지 않고 성령의 힘으로 승리를 원한다.

하나님은 인간이 자기 죄로 인하여 죽는 것을 원치 아니하시고
그 죄에서 돌이켜 살기를 원하시는 사랑의 하나님이시다.
주님과 같이 날마다 날마다 한걸음 한걸음 걸어가는
내 삶의 종착역이 나는 우리의 천국임을 믿는다.

우리가 하나님을 아버지라고 부를 만한
아무런 조건을 갖춘 것이 없는데도
하나님의 은혜로 우리는 하나님을 아바 아버지라고 부른다.
그래서 내 마음속에는 결코 허수아비가 자리를 잡을 수가 없다.

가난에서 부를, 병에서 건강을, 마귀에게서 자유를 주신
하나님 앞에서
내가 철없는 인간

생각 없는 백성이 되지 않으려고
거듭거듭 다짐할 때
거짓이 없으신 미쁘신 하나님은
함초롬히 내리는 이슬같이
푸성귀에 내리는 단비같이
마른 풀밭 적시는 소나기같이 찾아오시고
나로 하여금 사냥꾼의 올무에서 벗어난 새같이 하신다.

성부와 성자와 성령의 은총에 감사하며
매일 매일 드리는 아침의 기도다.
오늘도 나는 기도로 아침의 창을 연다.

2020년 1월 1일
벌 나비 그림자 하나 없는 조용한 북한산 밑에서

은혜를 망각하면

은혜라고 하는 말은 헬라어의 카리스χάρις 히브리어의 헨וֹ에서 온 말이다. 구원을 주시는 하나님의 선물이란 뜻인데, 곧 예수 그리스도를 통해서 인간에게 주시는 하나님의 특별한 선물을 가리키는 말이다. 그래서 은혜는 죄로 말미암아 죽을 수밖에 없는 인간이 하나님으로부터 받는 사랑의 돌봄(구원)이요 인류에 대한 신의 사랑으로 정의하는 것이다.

생쥐에 관한 우화가 있다. 어느 날 산속의 생쥐 한 마리가 숨을 헐떡이며 도망을 치고 있었다. 이 모습을 바라본 산속의 도사가 물었다. "왜 도망을 가느냐?" 이 질문에 생쥐는 말을 했다. "고양이가 나를 잡아먹으려고 합니다. 도사님 제발 좀 살려 주십시오."

이 간절한 요구에 도사는 생쥐로 하여금 고양이로 격상시켜 주었다. 잠시 후에 사나운 사냥개에게 쫓기자 또 사냥개로 격상시켜 주었다. 잠시 후에 무서운 호랑이에게 쫓기자 또 호랑이로 격상시켜 주었다. 호랑이로 격상된 이 생쥐는 이제 아무 걱정이 없어졌다. 산속에 살면서 자고 싶으면 자고, 먹고 싶으면 먹고, 놀고 싶으면 놀고, 다니고 싶은 곳을 마음껏 다녔다.

그런데 어느 날 호랑이로 격상된 이 생쥐가 가만히 생각을 해보니 자기의 창피스러운 과거를 낱낱이 다 알고 있는 저 도사가 자기 마음에 걸렸다. 저 도사만 없으면 나는 이 산속에서 이제 제왕이 된다는 생각이 들었다. 한참을 생각다가 호랑이로 격상된 이 생쥐는 저 도사를 잡아먹기로 결심을 했다. 그런데 산속의 도사가 호랑이로 격상된 이 생쥐의 고약한 마음을 모를 리가 없다. 그래서 도사는 어느 날 호랑이로 격상된 이 생쥐를 보고 말을 했다.

"이 배은망덕한 자여! 은혜를 망각한 자여!
감사를 모르는 자여! 자기를 모르는 자여!
고약한 놈!— 너는 다시 영원한 생쥐로 돌아가라!"

그래서 호랑이로 격상된 이 생쥐는 다시 과거의 옛 생쥐로 돌아가서 오늘도 고양이 앞에서 벌벌 떨고 쫓기고 달아나며 버스럭거리기만 해도 덥석덥석 잡아먹히는 처참한 신세가 되었다는 것이다.

서두에서 이야기한 대로 인간은 인간의 죄로 인해서 죽을 수밖에 없고 영원한 형벌에 있어야할 존재였는데 그리스도 안에서 우리는 죄의 용서와 함께 영생을 얻은 인간이 되었다. 정말 출세한 인간이다. 그렇다면 오늘 우리의 삶이 어떡해야 함을 우리는 잘 알아야 한다.

죽을 죄인 살려주신 크신 은혜 놀라워라
십자가를 바라보며 눈물로써 감사하네
감당 못할 크신 은혜 무엇으로 보답할까
힘을 다해 충성하고 생명 다해 충성하라

우리가 이런 찬송을 부르면서 하나님의 은혜를 갚는다고 아무리 장담을 한다 해도 다 갚을 수 없는 것이 하나님의 은혜다. 정말 우리는 나 같은 죄인이 어떻게 하나님의 자녀가 되고 하나님의 백성이 되었을까를 생각하면서 늘 하나님께 감사하며 인생을 살아가야 한다.

은혜가 아니면 살아갈 수가 없다. 인간이 하나님의 은혜를 망각하면 그 결과가 어떻게 될까? 마태복음 18장21~35절에는 은혜를 망각한 악한 종의 비유가 잘 기록되어 있다.

어떤 임금에게 1만 달란트를 빚진 종이 있었다. 이 종이 자기의 모든 빚을 임금에게 탕감 받고서도 자기에게 100데나리온 빚진 동료를 용서하지 못해서 다시 모두의 빚을 다 갚도록 임금이 그를 옥졸들에게 넘겨주었다는 이야기이다.

은혜를 망각한 이 종의 비유에서 오늘 우리가 분명히 알아야 할 사실이 있다. 당시 인간의 하루 품삯이 1데나리온인데 100데나리온은 100일의 품삯이다. 그러면 1만달란트의 돈은 얼마일까? 1달란트는 6000데나리온인데 오늘 우리가 1만달란트의 돈을 벌자면 일생 40년을 4,000번(40×4000) 벌어야 하는 액수다. 이 의미를 잘 모르면 하나님의 은혜를 이해할 수가 없다.

이 말의 의미는 예수님께서 우리에게 베풀어 주신 은혜 1만달란트는 하나님이 우리에게 값없이 주시는 구원의 은총이고, 100데나리온은 내가 하나님 앞에서 지켜야 하는 최소한의 율법을 말하는 것이다. 이것은 구원의 조건이 아니고 은혜 받은 사람으로서 지켜야 하는 상식이고 사랑의 법을 말하는 것이다.

우리는 예배할 때마다 주기도문을 한다. 이 주기도문은 총 8마디로 되어 있다. 처음 하나님을 부르는 호칭과 마지막 부분에 기록된 하나님의 호칭을 빼면 6마디가 된다. 이 6마디는 하나님을 위하여 3마디, 나를 위하여 3마디로 되어 있다. 문제는 우리가 하나님의 은혜를 망각하고 이 기도를 드릴 때는 아무런 의미가 없다.

그리고 가장 중요한 문제는 죄의식을 극복하는 문제인데, 다른 기도는 하면 되지만 죄의 용서에 관한 기도는 꼭 실천이 따라야만 한다. 왜냐하면 죄라고 하는 것은 내가 남을 용서해주는 조건으로 내가 하나님으로부터 용서를 받기 때문이다.

아무리 생각해 보아도 고양이 앞에서 벌벌 떠는 생쥐처럼 우리는 우리의 죄로 죽어야 했다. 그런데 하나님의 은혜와 사랑이 그리스도의 은총을 통해서 우리를 살리는 것이다. 우리 모두의 입에서 죽을 죄인 살려주신 하나님의 은혜를 감사하고 은혜가 아니면 살아갈 수가 없다는 고백이 우리 마음속에서 늘 나왔으면 한다.

은혜를 망각하면 죽음이 있을 뿐이다.

붉은 죄 눈같이

"아버지! 저는 이제 어떻게 해야 합니까?" 이 말은 어느 초등학교 학생이 학교에서 집으로 돌아와 아버지의 목을 부둥켜안고 울면서 한 말이다. 아버지는 이 글을 신문 민성란民聲欄에 실어서 읽는 모든 사람으로 하여금 가슴을 찡하게 했다.

학교에서 공작시간에 선생님은 학생들에게 공작용 진흙을 가지고 무엇인가를 만들어 보라고 했다. 그리고 선생님이 잠시 밖에 나갔다 돌아왔는데 그 사이에 한 학생이 진흙을 교실 천정에 던지자 착 달라붙자 모두들 신기하다는 듯이 너도나도 던지는 바람에 하얀 천정의 교실이 갑자기 진흙의 고드름으로 물들어졌다.

이 모습을 바라본 선생님은 너무나도 기가 막혀 아무런 말을 할 수가 없었다. 가만히 생각다가 그는 밖으로 나가서 긴 회초리 하나를 들고 들어왔다. 이 모습을 바라본 학생들은 '야! 이제 우리는 매를 맞는구나. 죽었구나.' 했다.

그런데 잠시 후에 선생님은 이런 말씀을 하신다. "학생들! 너희들의 이런 행위는 바로 내 탓이다. 내가 너희들에게 교육을 잘못 했다. 내가 너희들에게 매를 맞아야겠다."

선생님은 출석부를 펴들고 학생들 이름 하나하나를 불렀다. 그리고 학생들로 하여금 차례차례로 나와서 회초리로 자기 종아리를 치라고 했다. 선생님의 강요에 학생들은 어쩔 수 없이 순서대로 나가서 형식적으로나마 선생님의 종아리를 때렸다.

수업이 끝이 났다. 학생들은 집으로 돌아오면서 생각했다. 자기들의 잘못에 자기들의 손으로 선생님의 종아리를 때린 죄책감에서 견딜 수가 없었다. 가슴 아파하다가 모두는 손으로 자기 얼굴을 가리고 울기 시작했다. 학생들은 울면서 집으로 돌아갔다.

집에 와서 슬피 우는 자기자식을 바라본 아버지가 물었다.
"야! 너 왜 울어?"
아들은 울면서 말을 했다.
"아버지! 저는 이제 어떻게 해야 합니까?"
아버지는 또 물었다.
"왜? 학교에서 무슨 일이 있었느냐?"

아들이 말을 했다,
"아버지! 오늘 제가 학교에서 선생님의 종아리를 때렸습니다."
이 말을 하고난 아들은 어찌할 바를 몰라 하면서 아버지의 목을 덥석 껴안고
"아버지! 저는 이제 어떻게 해야 합니까?" 하고 대성통곡을 했다.
이게 무슨 말인가 하고 귀를 의심한 아버지가 또 물었다.

"야! 지금 너— 나한테 뭐라고 했어?"

아들이 선생님의 종아리를 때렸다는 말에 아버지는 하도 기가 막혀 같이 울면서 아이를 안고 말을 했다.

"야! 이 자식아! 나는 이제 어떻게 해야 하나?"

....

마가복음 15장에는 로마 군병들이 예수를 이끌고 브라이도리온이라는 뜰 안으로 들어갔다. 거기에서 예수에게 자색 옷을 입히고 가시 면류관을 엮어 머리에 씌우고는 유대인의 왕이여 평안할지어다 하면서 갈대로 그의 머리를 치고 침을 뱉으며 주먹으로 치고 손으로 때렸다.

희롱을 다 한 후에 자색 옷을 벗기고 다시 그의 옷을 입히고 십자가에 못 박으려고 비아돌로사 길을 갔다. 예수 그리스도는 갈보리 산상 골고다 언덕으로 가서 십자가에 달렸다. 그리고 로마 군병들은 창으로 예수 그리스도의 옆구리를 찔렀다.

십자가에 달린 예수, 그 예수가 당신은 진정 누구인 줄을 아는가? 그는 하나님의 아들이다. 그런데 왜 하나님의 아들 예수 그리스도가 이런 고난을 받아야 하는가?

성경은 모든 사람은 죄인이라고 했다. 그래서 누구나 다 하나님의 저주 속에서 무서운 형벌을 받고 죽어야 했다. 그런데 하나님이 세상을 사랑하사 독생자 예수를 세상에 보내시고 그를 믿는 자에게는 구원을 주셨다.

곧 그리스도의 오심은 인간구원에 있었다. 그런데 이 속죄주인 하나님의 아들 예수 그리스도를 우리 인간은 주먹으로 치고 손으로 때리며 그의 머리에 상처를 내고 침을 뱉고 능욕을 했다. 결국 우리는 예수를 십자가에 못 박고 창으로 찔러 죽였다.

여기 예수 그리스도에게 십자가를 지워 끌고 저 갈보리 산상으로 가는 로마 군병이 2000년 전 저 예루살렘에 있다고 생각해서는 절대 안 된다. 예수 그리스도를 십자가에 못을 박고 때리는 무리가 바로 오늘을 살아가고 있는 너와 나라고 하는 사실이다.

죄란 자기가 짓고 자기가 형벌을 받는 데는 일면 떳떳하고 보응이라 하겠지만 나의 잘못과 나의 죄로 타인이 벌을 받는 대속은 견딜 수 없는 큰 아픔이고 괴로움인 것이다.

그래서 대속은 우리의 전 생애를 선한 의지에로 살아가도록 마음의 변화와 방향전환을 주는 큰 힘이 있는 것이다.

학교에서 학생 자신들이 잘못을 하고도 선생님의 종아리를 때렸다는 죄책감에서 가슴아파하며 슬피 우는 이 아이는 아버지의 목을 안고 "아버지! 저는 이제 어떻게 해야 합니까?" 하고 슬피 운다.

이 순진한 어린아이의 자세를 본받아서 오늘 우리도 하나님 아버지 앞에서 피 묻은 십자가를 붙들고 "나는 죄인입니다." 하고 한없이 울어보았으면 한다.

어쩌면 오늘 우리는 예수를 믿는다고 하면서도 이 어린이와 같이 순진한 눈물을 흘려보지 못한 죄인이 아닌가 하는 생각이 들고, 지금도 이 어린아이의 모습을 생각할 때마다 '나도 저렇게 해야 하는데' 하고 하나님께 부끄러워진다.

만약 우리가 하나님께 이러한 회개의 기도를 드릴 때 하나님께서는 우리에게 어떤 말씀을 하실까? 너희 죄가 주홍 같을지라도 눈과 같이 희어질 것이요 진홍같이 붉을지라도 양털같이 되리라.(사1:18)

주홍같이 붉은 죄 눈같이 희어지고, 진홍같이 붉은 죄 양털같이 되는 방법. "아버지! 저는 이제 어떻게 해야 합니까?" 하면서 슬피 우는 이 어린아이의 고백처럼 우리도 하나님 아버지 앞에서 "이 죄인을 용서하소서."라고 기도하는 진솔한 고백이 있으면 되는 것이다.

붉은 죄 눈같이 되는 것.
하나님 아버지!
저는 이제 어떻게 해야 합니까? 라고 물으면 된다.

똥파리 해외여행

파리의 종류는 날파리, 털파리, 초파리, 쇠파리, 똥파리 등 여러 가지 종류가 있다. 이 모두를 통틀어 우리는 파리라고 부른다. 이 파리는 변소나 아니면 더러운 개울가에서 부화되어 변태과정을 거쳐서 날아다니는 곤충이다.

지혜의 왕 솔로몬은 너희는 개미에게 가서 그 하는 것을 보고 지혜를 배우라며 개미를 무척도 칭찬을 했는데 출애굽기에 기록된 파리는 온통 사람을 못살게 굴고 피해를 주면서 인간에게 여러 가지 재앙으로 나타나 있다. 성서에서 파리를 칭찬한 곳은 단 한 곳도 없다.

사람이 아무 일에나 끼어들어 함부로 간섭을 한다거나 무엇인가 얻어먹으려고 덤비는 인간을 빗대서 우리는 파리 같은 놈이라 칭하고, 턱없이 뜯어먹거나 한몫 끼어 이득을 보려는 인간을 쇠파리 같은 놈이라고 부른다.

그리고 높은 사람 앞에서 간살스럽게 손을 비비며 살살거리며 아첨을 부리는 인간들을 똥파리 같은 놈이라고 한다. "한 마리의 파리잡기 만인의 행복"이라는 표어도 파리가 인간에게 주는 재앙이 얼마나 큰가를 잘 말해준다.

그런데 이 흉측한 똥파리가 사람의 등에 붙어서 비행기를 타고 태평양을 건너 미국을 갔다는 "똥파리 해외여행" 이야기가 있다. 나는 이 똥파리의 정신을 가지고 나도 외국을 나가고 싶은 생각이 들었다.

1961년 소련의 유리 가가린은 인류 역사상 최초로 우주선 보스토크 1호를 타고 우주 비행을 한 사람이다. 1969년 미국의 닐 암스트롱은 아폴로 11호를 타고 달나라에 가서 달 표면에 역사적인 자기 족적을 남긴 사람이 되었다. 이들은 하늘을 마음껏 날아보는 사람이 되었고 우리가 상상도 못할 일들을 해낸 박력과 용기의 사람들이다.

나는 시골에서 가난한 농부의 아들로 태어났다. 어려운 경제여건 속에서 겨우 중·고등학교를 졸업하고 신학교에 입학을 했다. 아르바이트를 하면서 예과2년 본과3년을 이수한 후에 또다시 학문의 열정을 가지고 일반대학에 학사편입을 했다. 그리고 졸업 후에는 군종장교로 입대를 했다.

3년의 군목의무를 무사히 마치고 대위로 예편한 나는 곧바로 대학원을 했다. 그리고 지방으로 내려가 목회를 하면서 교회를 신축했고 입당 후에는 곧 바로 여고 교목으로 또 대학교수로 청빙이 되었다.

나의 목회 여정은 물과 같아서 길이 있으면 가고 둑이 있으면 머물고 양이 차면 넘어갔다. 그래서 군목은 의무에서, 교회는 청빙에서, 교목은 학교의 부름에서 이루어졌다. 청탁이나 요청 그리고 잔꾀를 부린 적은 한 번도 없었다.

1976년 36세에 조교수로 발령되어 교목실장의 보직을 받은 나는 교수 생활에서 부족을 실감하고 외국에 나가서 연구도 하고 여러 대학의 박물관 미술관 도서관을 견학하면서 견문을 넓히고 싶었다.

그런데 1960~70년도 우리나라의 경제는 정말로 어려웠다. 외국을 가기가 쉽지 아니했다. 미국 대학에서 비자 서류가 나와야 하고 서류가 오면 미 대사관에 가서 비자를 받아야 했다. 준비해야 하는 서류도 많고 국내서 받아야 하는 교육도 많고 또 경제사정이 큰 문제였다.

그러나 나는 "똥파리 해외여행" 정신을 가지고 유리 가가린과 닐 암스트롱의 박력과 용기를 생각하면서 나도 외국에 가서 학문을 하겠다며 과감히 비행기를 타기로 결심을 했다.

1차 해외여행은 미국 샌프란시스코 신대원에 가서 목회연수를 했다. 교육을 마친 나는 뉴욕에서 일본을 경유하여 한국으로 돌아왔다. 돌아와서는 성서교육 교재를 집필하고 젊은이들을 위한 책 『위대한 출발』 칼럼을 썼다.

2차 해외여행은 LA 파사디나시에 있는 풀러 신학대학원에 갔다. 여기에서 교육을 마친 나는 태평양을 건너오지 아니하고 대서양을 건너 유럽으로 갔다. 유럽 여러 나라들을 순방한 후에 성지순례를 하고 한국으로 돌아왔다.

나는 처음으로 지구를 한 바퀴 도는 긴 여행을 했다. 돌아와서『학원선교의 지름길』이라는 논문을 쓰고 젊은이들을 위해서『소망 중에 오늘을』과『희망에 찬 사람들』이란 칼럼을 썼다.

3차 해외여행은 한국대학 진흥원의 주관으로 중국 연수를 다녀왔다. 당시 우리나라는 중국과 수교 전이어서 중국을 갈 때도 홍콩을 경유하여 갔고 올 때도 홍콩을 경유해서 돌아왔다. 중국의 10대도시 순방은 구라파 10대국가를 관광하는 것보다 훨씬 더 힘들었다.

이 연수는 당시 공산국가의 어려운 경제사정을 눈으로 직접 보고 와서 학생들을 교육하고 우리의 현실을 보라는 의미에서 보낸 것 같다. 돌아와서는『희망의 축제』칼럼을 썼다.

4차 해외여행도 한국대학 진흥원의 주관으로 구소련을 위시하여 5개 공산국가들을 순방하고 독일과 영국런던을 경유하여 한국으로 돌아왔다. 모스크바 대학을 비롯한 여러 공산국가 대학들을 중심으로 연수도 하고 관광을 했다. 아마 이 연수도 자본주의와 공산국가를 비교해 보라는 뜻으로 교수님들을 보낸 것으로 생각되었다.

5차 해외여행은 대한민국 교육부의 도움으로 1년간 미국 뉴─브룬스윅 신대원에 연구교수로 갔다. 연구교수란 비교적 자유가 많아서 미국의 유명대학들을 탐방하면서 보고 듣는 기회가 많았다. 사실 미국이라고 하는 나라도 중국처럼 대국이라 여러 번을 가도 다 알 수가 없는 나라다.

6차 해외여행은 아내와 같이 성지여행을 갔다. 이집트와 이스라엘 그리고 로마를 경유하여 돌아왔는데, 이것은 안식년을 맞이하는 교수님들에게 학교재단에서 마련해준 신앙수련이었다.

7차 해외여행은 인도네시아와 싱가포르 등 동남아시아를 탐방했다. 이 여행은 식구와 같이 자비로 갔고 관광이 그 목적이었다. 백문이 불여일견(百聞 不如一見. Seeing is Beliving)이란 정신으로 여행을 했다.

어린 시절 "똥파리 해외여행" 이야기에 꿈을 가지고 도전해서 세계를 여행하며 본 대로 들은 대로 느낀 대로 대학 강의에서 젊은이들을 향하여 "꿈을 가지고 도전하라. 젊은이들이여, 꿈을 가지고 도전하라."고 강조했다.

신학자 에른스트 불로호가 포기는 죄라고 규정하고, 희망이란 인간존재의 필연적 특성이라고 강조함같이 나는 학생들에게 희망을 가지라 네 꿈을 펼치라고 강조했다.

흐르는 세월 속에서 30년의 긴 교수생활을 2005년에 마감하고 은퇴를 했다. 지금은 벌 나비 그림자 하나 없는 북한산 밑에서 조용조용히 살아가고 있다.

이스라엘 백성의 광야길 40년 고난의 긴 세월도 알고 보면 하나님의 축복인 것처럼 교수생활 30년의 기나긴 고난의 세월도 오늘에 생각하면 모두가 하나님의 은혜요 축복인 줄 알고 깊이깊이 하나님께 감사하는 것이다.

하늘을 나는 새 한 마리도 아궁이에 던져지는 들풀도 하나님의 의미로 가득 찼거늘 인간에 주어진 하나님의 의미가 얼마나 큰가를 우리 모두가 깊이깊이 생각하면서 살아갔으면 한다.

희망이란 멀리 있는 것이 아니고 우리가 살아가는 내 삶의 현장이 바로 희망인 것이다. 어린 시절 "똥파리 해외여행" 이야기가 나로 하여금 꿈을 가지고 세계를 다니게 하였는데 이 이야기를 모두와 같이 나누고 싶었다.

똥파리 해외여행이다.

생명줄 던져

물위에 생명줄 던지어라 누가 저 형제를 구원하랴
우리의 가까운 형제이니 이 생명줄 그 누가 던지려나
생명줄 던져 생명줄 던져 물속에 빠져간다
생명줄 던져 생명줄 던져 지금 곧 건지어라

이 찬송은 미국의 E. S. 어포트 목사가 해안을 거닐다가 구조를 호소하는 조난자들에게 대장이 "생명줄을 던져라" 하는 소리를 듣고 대원들이 재빨리 생명줄을 던지는 과정을 지켜보면서 이 찬송을 작사했다고 전해진다.

우리나라에서도 옛날과는 달리 지금은 강변이나 바닷가에 가면 조난자들을 위해서 준비된 구명대나 구명줄을 많이 볼 수가 있다.

우리나라에서는 1959년 9월 11일에 사이판 섬의 동쪽 해상에서 발생한 제14호 태풍 사라호가 있었다. 이 태풍이 한국의 중부와 남부 지방을 강타해서 많은 피해를 주었다. 그때 사람들은 너무나 많이 오는 비를 바라보고 아마도 하늘이 찢어졌나보다 라고도 했다.

비가 내리는 장마철이라고 해도 시골에 사는 사람들은 시장에 가서 물건을 팔아야 하고 또 생필품도 사와야 하기 때문에 비가 오는 날이라 해도 시장엘 가는 사람이 많다.

이때 시골에 사는 한 노인이 시장에 가서 볼일을 보고 돌아오는데 물이 좀 넘치는 작은 잠수교 하나를 건너야만 했다. 그런데 그가 이 다리를 건너다가 실수에 넘어져 물에 빠지고 말았다.

교각으로부터 조금씩 조금씩 물 가운데로 밀려들어가기 시작한 이 노인은 잠시 후에 큰 물결로 휩쓸려 들어갔다. 두루마기를 입고 갓을 쓴 노인은 헤엄을 칠 수도 없다.

그는 고개를 쳐들고 사람 살려요, 사람 살려요 하지만 구명대나 생명줄은 고사하고 긴 대나무 장대 하나도 준비되어 있지 않는 당시에는 어쩔 수 없이 속수무책으로 모두들 지켜만 보고 있는 것이다.

그런데 잠시 후에 해병대에서 예비역으로 전역을 했다는 한 젊은 청년이 이를 보고 재빨리 겉옷을 벗고 헤엄쳐 들어갔다. 지켜보고 있던 많은 사람들이 박수를 치면서 이제는 저사람 살았구나 했다.

그런데 불행히도 그 청년이 노인 가까이 갈 때쯤 그만 노인의 머리가 물속으로 사라지고 보이지를 아니한다. 그 청년은 주위를 맴돌다가 수영도 한계가 있는지라 결국 되돌아오고 말았다.

용기 백배 있는 힘 다했건만 실패로 돌아갔다. 며칠 후 신문에서는 그

노인의 시체가 저 멀리 멀리 강 하구 갈밭 속에서 죽은 시체로 발견이 되었다고 했다. 정말 안타까운 사연이었다.

그리스 신화에는 많은 강들의 이야기가 있다. 망각의 강 레테Lethe, 슬픔과 비통의 강 아케론Acheron, 탄식과 비탄의 강 코퀴토스Cocytus, 불의 강 플레게톤Phlegethon, 증오의 강 스틱스Styx이다.

그리고 이스라엘에는 예수께서 세례를 받고 또 문둥이 나아만 장군이 일곱 번 목욕을 하고 치유를 받았다는 기적의 요단강이 있다. 세계를 여행하다보면 나라마다 참 좋은 강들이 많은데 우리나라의 한강도 세계적인 강에 속한다.

성서교육을 하면서 나는 학생들에게 질문을 했다. "만약 학생들이 강변에 서 있는데 불행히도 여러분의 온 식구(아버지, 어머니, 부인, 아들, 딸)가 강물에 둥둥 떠내려간다면 여러분은 어떻게 하겠는가?"

이 질문에 학생들은 이구동성으로 모두가 "강에 뛰어 들어가 식구를 건져내야 합니다."라고 대답을 했다. 이때 나는 또 물었다. "그렇다면 제일먼저 누구부터 건져 내야 할까?"

이 질문에 어떤 학생은 부모님이라고 했다. 나는 "아! 학생은 정말 효심이 대단합니다."라고 했다.
어떤 학생은 자녀라고 했다. "아! 학생은 2세에 대한 관심이 참 많으시네요."라고 했다.
어떤 학생은 사랑하는 부인이라고 했다. "아! 그래요. 부부일체니까 그

럴 수도 있겠네요."

어떤 학생은 말했다. "교수님! 생각을 좀 해봐야겠습니다."

나는 말했다. "아! 학생은 참으로 철학적 사고가 대단합니다. 그런데 지금 모든 식구가 강물에 둥둥 떠내려가고 있는데 그렇게 눈을 감고 생각할 여유가 있겠습니까?"

....

생각해보면 사실 누가 누구를 먼저 건져낸다 하더라도 정답은 없다. 만약 정답이 있다면 그것은 강에 뛰어 들어가 자기로부터 가장 가까이에 있는 식구부터 자기 손에 제일먼저 잡히는 대로 누구나 빨리빨리 건져내는 것이다. 왜냐하면 모두가 다 일촌一寸 안에 있는 자기 식구들인데 누가 누구를 선택해 가면서 건질 수야 없지 않겠는가.

아무리 부모가 중요하다 하더라도 바로 곁에서 살려 달라는 아들이나 딸이 있으면 건져야 하고, 자녀가 중요하다 하더라도 곁에서 살려 달라고 하는 자기 아내가 있으면 건져야 한다. 그래서 누구든지 자기 손에 먼저 잡히는 대로 빨리빨리 건져낸다는 것이 답이다.

로마서 5장12절에는 모든 사람이 죄를 지었으므로 사망이 모든 사람에게 이르렀다고 했다. 그래서 모두가 죄의 물결 속에서 죽어가고 있는 것이다. 잠언 24장11절에는 너는 사망으로 끌려가는 자를 건져 주라고 했다.

성서는 사람을 살리는 이야기로 가득 차 있다. 그래서 성서를 구원의 역사를 기록한 책이라고 한다. 예수를 믿고 구원받은 우리는 또 죽어가는 사람을 살려야 한다. 그리스도 예수 안에서는 남녀상하 차별이 없고 빈부귀천 차별이 없다. 예수를 믿는 믿음이 우리를 살리는 것이다.

시편 14편2~3절에서 여호와께서 하늘에서 인생을 굽어살피사 지각이 있어 하나님을 찾는 자가 있는가 보려 하신즉 다 치우쳐 함께 더러운 자가 되고 선을 행하는 자가 없으니 하나도 없다고 했다.

인간은 인간의 죄로 모두가 죽어야 했다. 그런데 하나님의 사랑이 우리를 살리는 것이다. 곧 그리스도 예수를 통한 속죄의 믿음에서 오는 구원이다.

선교학에 보면 F1, F2, F3선교가 있다. F는 Family로써 식구를 말한다. 그러므로 F1선교는 자기 동족, F2선교는 언어는 다르나 같은 색깔의 인종, F3선교는 언어와 인종이 전혀 다른 인종에게 하는 선교를 말한다.

지금 한국교회는 세계에서 두 번째로 많은 선교사를 해외에 파송하고 있다고 한다. 두말할 필요 없이 참 좋은 일이다. 하지만 멀리 가서 이방 사람 구원하지 못하나 내 집 근처 다니면서 건질 죄인이 많음도 잊지 말아야 한다. 왜냐하면 선교는 예루살렘과 유다와 사마리아와 땅 끝까지로 되어 있기 때문이다.

생명줄 던져 생명줄 던져 물속에 빠져간다
생명줄 던져 생명줄 던져 지금 곧 건지어라.

이 말씀은 지금 예수님이 우리에게 하시는 명령이다. 권고나 자유가 아니고 예수를 믿는 우리의 의무이다. 죄악의 물결에 죽어가는 영혼들을 위해서.

생명줄 던져! 생명줄 던져!

말의 위력

우리나라 조선시대에는 말의 중요성을 잘 표현한 작자 미상의 시조가 있다.

말하기 좋다하고 남의 말을 하지마라
남의 말 내 하면 남도 내 말하는 것이
말로써 말이 많으니 말말까 하노라.

이 시조는 말조심을 강조하는 글이다.

명심보감 「언어편」言語篇에도 말조심을 강조하는 글들이 있다.

말이 이치에 맞지 않으면 말하지 아니함만 못하니라.
한 마디 말이 맞지 않으면 천 가지 말이 소용이 없다.
입과 혀는 재앙과 근심을 불러들이는 문이며, 몸을 망치는 도끼니라.

이 모두도 말의 중요성을 강조하는 말이다.

옛날 1950년대 후반 서울에서 시내버스를 타면 버스 안에서 신문을 파는 소년들이 있었다. 복잡한 시내버스 안을 요리조리 삐져 다니면서 신문을 팔다보니 서로가 부딪치기도 하고 간혹 승객들의 발을 밟는 일도 생긴다.

그런데 신문 파는 소년이 신문을 한 아름 안고 복잡한 버스 안에서 신문이요, 신문이요 하면서 지나가다가 한 노인의 발을 밟은 모양이다. 화가 난 노인은 신문팔이 소년을 바라보고 말을 했다.

"야! 인마, 이게 뭐야?"
이 말에 신문팔이 소년이 질세라 노인을 빤히 쳐다보면서 큰소리로 말을 했다.
"뭐라고! 야! 이 XX 놈아! 인마가 다 뭐야, 인마!"
이 소년의 말에 노인은 기가 질려 어쩔 줄을 몰라 하며 얼굴색이 창백해지고 할 말을 잃었다.

지렁이도 밟으면 꿈틀거린다는 말이 있는데, 아무리 버스 안에서 신문을 파는 소년이라고 해도 무시하고 얕보면 안 된다. 신문은 안 팔려 짜증은 나고 땀이 옷에 젖어 범벅이 된 이 소년이 복잡한 버스 안에서 어쩌다가 노인의 발을 밟은 모양인데 그렇다고 해서 자기를 얕잡아 보고 자기에게 "인마" 하는 말에 참을 수가 없었나보다.

그런데 이게 우리시민의 의식수준인지도 모른다. 그래서 어른도 젊은이들에게 경어를 써야 하고 상대를 무시하지 말고 서로가 사랑과 존중하는 마음을 가져야 한다.

우리는 간혹 학교에서나 직장에서 상사나 교수들이 직원이나 자기 조교들에게 말을 할 때나 전화를 할 때 경어를 쓰지 아니하고 반말을 하는 경우를 많이 본다. 그래서 화가 난 직원도 교수에게 반말을 하는 것이다. 교회에서도 마찬가지다.

화가 쌓이고 식상하면 싸움이 벌어진다. 그래서 우리가 말을 할 땐 똑 떨어지게 상대방을 향해서 경어를 써야 한다. 말이란 돈 없이 자기를 성장시켜주는 도구다. 침묵이 금일진데 말을 할 땐 금보다 더 귀해야 하지 않겠는가.

말은 소통의 도구다. 의사전달의 수단이다. 인간에게 없어서는 안 되는 중요한 도구다. 우리는 말에서 힘을 얻기도 하고 상대에게 용기를 주기도 한다. 그래서 말을 할 때는 좋은 인상을 가지고 상대를 대하는 습성을 잘 길러야 한다.

오늘날 우리사회에는 말에 관한 명언들이 많이 있다.
'진심어린 말 한마디 천 냥 빚을 갚는다.'
'재치 있는 말 한마디 인생을 바꾼다.'
'아버지의 말 한마디 자녀의 인생을 바꾼다.'
'엄마의 말 한마디 영재를 만들고 미래를 결정한다.'
'아내의 말 한마디 남편의 인생을 결정한다.'
이런 긍정적이고 용기 있는 말이 우리에게는 필요하다.

옛날 우리나라 장로교 선교사 마펫목사는 한국에 와서 제일 많이 사용한 말이 있다. 손님이 올 땐 "어서 오십시오.", 이야기를 들으면 "감사합니다.", 돌아갈 땐 "안녕히 가십시오." 이 세 마디 말로 그는 훌륭한 선교의 사명을 다했다고 한다.

1978년 부산 버스회사에서 차장으로 근무하던 한 청소년이 전국 근로청소년 모임에서 발표한 자기성장을 위한 다섯 가지 언어를 보면

고맙습니다(감사하는 마음)
그렇습니다(온순한 마음)
미안합니다(반성하는 마음)
덕분입니다(겸손한 마음)
제가 하겠습니다(봉사하는 마음)

이런 말을 매사에 사용하면서 회사생활을 했는데 그 실천이 회사에서 모범적인 직원이라며 표창도 받고, 승진도 하고. 돈도 벌고, 예수도 믿고, 성실남과 결혼을 하는 이벤트가 되었다고 했다.

부정적인 말들을 보면 나쁜 놈, 빌어먹을 자식, 죽일 놈, 병신 같은 놈 하는데 사실 자기자식이나 남의 자식이 빌어먹거나 병신이 되거나 죽을 놈이 되면 되겠는가? 우리는 좋은 말을 사용하고 축복의 사람으로 살아가야 하는 것이다.

가나안을 탐지한 12정탐꾼들의 보고에서 들어갈 수 있다고 말한 여호수아와 갈렙은 자기들이 말한 대로 가나안에 들어가고, 들어갈 수 없다고 말한 열 명은 모두가 광야에서 죽었다.

그래서 우리가 말을 할 때는 부정의 말보다는 긍정의 말을 해야 한다. 말은 사실이란 뜻을 가지고 있기 때문에 말을 하면 사실대로 되는 것이다. 그리고 말은 파장이 있어서 선한 말은 선함으로 파장되어 행복으로 가고, 악담은 악담으로 파장이 되어 불행으로 퍼진다. 인간의 운명은 자기가 하는 말에 따라 되어진다.

예수님께서는 회당장 야이로의 어린 딸이 죽게 되었을 때 "달리다굼" 하시면 소녀가 일어나고, 귀 먹고 말 더듬는 자에게 "에바다" 할 때 귀가 열리고 혀가 맺힌 것이 풀려 말이 분명해졌다. 말의 위력이 여기에 있다.

창세기에 보면 하나님께서 말씀으로 천지와 만물도 창조하셨다. 그래서 우리가 하나님께 기도를 드리면 그 기도는 하나님의 팔을 움직이는 막강한 힘이 있는 것이다.

전자파가 암을 일으킨다는 말이 있다. 좋은 말의 파동은 전자파보다 3300배나 더 강한 힘을 가지고 있다고 한다. 그래서 우리는 늘 상대를 향해서 샬롬으로 축복을 해야 한다.

말은 항상 긍정적이고 적극적인 언어를 사용해야 한다. 우리가 생활 가운데서 상대를 향해서 남을 칭찬하면 칭찬은 기적을 만들고, 남을 축복하고 기도하면 그 복이 자기 자신에게서부터 먼저 이루어진다. 남을 험담하고 악담하면 자기가 먼저 불행해지는 것이다.

마태복음 12장36~37절에는 잘 들어라 심판 날이 오면 '자기가 지껄인 터무니없는 말'을 다 낱낱이 해명을 해야 한다고 했다. 그리고 네가 한 말에 따라서 너는 옳은 사람으로 인정받게도 되고 죄인으로 판결 받게도 될 것이라고 했다. 이 모두는 말조심을 강조하는 말이고 말에는 꼭 책임이 따른다는 사실이다.

복음성가 가사를 보면 이런 말이 있다.

위로의 말 한 마디 긴장을 풀어주고
용서의 말 한 마디 치유를 가져옵니다
겸손의 말 한 마디 존귀를 받고
교만한 말 한 마디 멸망을 가져옵니다

우리 모두 말의 위력을 잘 알고 실천했으면 한다. 말대로 된다고 하는 자는 말대로 되고, 말대로 안 된다고 하는 자는 말대로 안 된다. 그 이유는 하나님은 하나님의 귀에 들린 대로 우리에게 이루어 주시기 때문이다.

말의 위력이다.

기적에 산다

기적奇蹟이라고 하는 말은 상식을 벗어난 기이하고 놀라운 일이고 또 신의 힘으로 이루어지는 불가사의한 일이라고 정의한다. 성서 속에는 많은 기적의 이야기가 기록되어 있다. 예수님께서 행하신 기적들을 보면 정신적 치유, 육체적 치유, 물질적 변화, 죽음에서의 회생 등 여러 가지 놀라운 일들이 많이 있다.

유대인들은 기적보기를 매우 좋아한다. 그 이유는 마음으로 하나님이 믿어지지 않기 때문에 눈에 보이는 표적을 보고서 하나님을 믿으려고 하기 때문이다. 그러나 기적을 보았다고 해서 모두가 다 하나님을 잘 믿는 것은 결코 아니다.

옛날 이스라엘 백성들은 하나님이 애굽에 내린 10가지 기적의 재앙을 눈으로 똑똑히 보고, 지긋지긋한 종살이에서 벗어나 홍해바다를 육지 같이 건너는 출애굽의 기적을 보았다. 그럼에도 불구하고 그들은 곧 광야에서 불평을 했다. 선조들이 먹어보지 못했던 이적의 메추라기와 만나를 먹으면서도 애굽의 가마솥 고기냄새를 그리워했다.

불뱀과 전갈이 우글거리는 뜨거운 사막에서 물이 없을 때 차돌바위에서 물이 터져 나와 강같이 흐르는 기적의 생수를 마음껏 마시고도 그곳을 므리바라 부르며 여호와께서 우리 중에 계신가 안 계신가 하고 다투었다.

영도자 모세가 자기 형 아론과 누이 미리암을 굳게 믿고 시내산에 올라갔건만 그들은 곧 하나님을 저버리고 백성들의 요구대로 금송아지를 만들어 춤을 추며 축제를 벌였다. 정말 기가 막히는 일이다. 그런데 알고 보면 이 모두가 다름 아닌 오늘 우리의 삶이다.

그런데 기적보기를 원하는 유대인들이 예수 그리스도의 기적을 수없이 보고서도 그들은 믿지 아니하고 늘 예수 그리스도가 안식일을 범했다고 비방만을 했다.

오늘날 우리가 기적을 보고 하나님을 믿어보려고 하지만 성서에 나타난 기적의 기록을 보고도 믿지 못하는 사람은 지금 예수의 기적을 본다고 해도 그들의 삶이 결코 달라지지 아니한다.

신약성서에는 많은 기적의 사건들이 기록되어 있다.
물이 포도주가 되는 화학적이요 질적인 변화의 기적,
오병이어로 5000명을 먹인 물리적이요 양적인 변화의 기적,
불치의 병자들이 고침을 받는 치유의 기적,
죽어도 다시 사는 부활의 기적,
예수 믿고 천국 가는 신앙의 기적이다.
성서는 기적의 보고寶庫다.

그런데 가만히 생각해보면 인간 삶속에 기적 아닌 것이 어디에 있겠는가. 사람이 밥을 먹었는데 몸 안에 생명의 붉은 피가 돌고, 소가 여물을 먹었는데 좋은 육질의 고기로 살찌어지고, 수소H 두 분자에 산소O 한 분자를 더하면 물H2O이 되는 원리도 기적이다.

우리나라에는 철새들이 많이 살고 있다. 그런데 이 여름 철새들이 겨울이 다가오면 수만 미터의 고공을 높이높이 날아서 기류를 타고 저 멀고 먼 남쪽나라로 날아간다. 그곳에서 옛날에 자기가 살았던 자기의 집을 정확하게 찾는다.

쇠똥구리 수놈은 쇠똥을 경단처럼 만들어 땅속에 숨겨둔다. 그리고 몸에서 독특한 냄새와 함께 미세한 먼지를 공중에 날리면 10km 밖에 있던 암놈이 그 냄새를 감지하고 정확하게 날아와서 땅속에 숨어있는 자기 짝을 찾는다.

연어는 강 상류에서 부화되어 일 년 동안 민물에서 자라고, 그 후 강물의 흐름을 따라 자연스럽게 넓고 넓은 푸른 바다를 향해서 헤엄쳐 나간다. 바다에 도착한 연어가 성체가 되면 다시 자기가 태어난 본향을 향해서 회류回流하여 정확히 옛날의 자기가 태어난 자리를 찾아와서 산란을 한다.

캐나다에 있는 호랑나비는 장장 2000마일 고공에서 시속 30마일로 하루에 100여 마일을 날아서 멀리멀리 멕시코 해안까지 날아간다. 가는 동안 6세대가 바뀌면서 이동을 하지만 봄이 되면 짝짓기가 끝이 나고 또다시 고향 캐나다로 돌아온다.

북극이나 남극에 사는 펭귄은 육지에서 산란하고 부화하여 새끼를 기른다. 그런데 새끼가 다 자랄 때까지 수놈은 바다에 가서 먹이를 잡아온다. 수천수만 마리의 암놈들이 땅에 뒤섞여 재갈거리지만 수놈은 자기 짝의 소리를 정확하게 감지하고 자기 짝을 찾는다.

소설가 박완서씨는 「일상의 기적」에서 "기적은 하늘을 날거나 바다 위를 걷는 것이 아니라 땅에서 걸어 다니는 것이라"고 하는 중국속담을 이야기 하면서 젊은 날에 모셨던 상사의 병문안 이야기를 했다.

병원침대에 누워서 눈만 깜빡이고 있는 지인을 바라보는데 마음이 슬퍼지고, 지금 저분이 원하는 것이 있다면 무엇일까? 하고 생각해 보았다는 것이다. 아마도 그것은 혼자 일어나고, 좋아하는 사람들과 같이 이야기하고, 함께 식사를 하고, 같이 산책을 하는 아주 사소한 일이 아닐까하고 생각을 했다는 것이다.

오늘날 우리는 하늘을 날고 물 위를 걷는 기적을 보려고 안달을 한다. 땅 위를 걷고 등산을 하는 것쯤은 당연한 일인 줄로 생각하지만 생각해보면 인생 삶의 모두가 다 기적인 것이다.

그래서 우리는 하나님께 감사해야 한다. 그리고 지금의 자기 처지를 감사하지 못하고 살아가는 사람은 어떤 기적을 본다고 하더라도 결코 기쁨을 느끼지 못한다. 옛날 유대인들은 기적보기를 좋아했다. 오늘 우리도 기적 보기를 좋아한다. 그러나 일상의 기적을 모르는 사람들은 기적을 보아도 기적을 불신하는 것이다.

우리가 어떻게 하나님의 구원을 받을 수 있었을까? 그것은 예수 그리스도 안에서 오늘의 우리가 가능한 것이다. 죄인인 내가 예수를 믿고 오늘 하나님의 아들이 되었다고 하는 이 기적보다도 더 큰 기적이 세상에 또 어디에 있겠는가. 그리고 지금도 우리 모두는 일상의 기적 속에서 살아가고 있는 것이다.

예수 그리스도의 기적은 변화를 말한다. 그리고 기적을 맛본 사람들은 그리스도와 함께 있기를 좋아한다. 성경에는 여러 가지 기적이 기록되어 있지만 제일 큰 기적은 믿는 자에게 구원을 주시는 것이다.

우리 모두 예수 그리스도의 기적에 감사하고
일상의 기적에 늘 감사하며 살아갔으면 한다.

담소談笑(1)

1. 사명감: 사명감이란 자기에게 주어진 일을 제대로 해내려는 마음가짐을 말한다. 목사님 옆집에는 한 집사님이 살고 계신다. 어느 날 하루, 담요를 안고 식량을 준비한 듯한 무거운 배낭을 메고 어디론가 열심히 가고 있었다. 아마도 여러 날 외박을 해야하나보다 했다.
목사님이 물었다.
목사: 집사님!─ 어딜 가세요?
집사: 예, 기도원에 갑니다.
목사: 아! 왜요?
집사: 하나님께 기도하여 큰 사명을 하나 받아야겠습니다.
목사: 아! 그래요? 그 참 좋은 생각입니다, 집사님. 잘 다녀오세요.

그런데 그 다음날 오후에 목사님이 시장엘 갔는데 그 집사님을 거기에서 만났다.
목사: 집사님! 어제 기도원에 가신다더니 벌써 오셨네요?
집사: 예 예, 바로 왔습니다.
목사: 어떻게 큰 사명은 하나 받고 왔습니까?
집사: 예 예.
목사님은 깜짝 놀라서 어떤 사명을 받았을까 하고 또 물었다.

목사: 집사님, 기도원에 가서 하나님께 기도하니까 하나님이 뭐라고 하시던가요?

집사: 예, 집에 가서 네 하던 일이나 잘하라! 했어요.

목사: 아이고!— 집사님. 정말정말 큰 은혜 받으셨네요!

지금하고 있는 당신의 일이 당신의 사명이다.

2. 목사의 축도: 신학교에서는 날마다 채플시간이 있다. 오늘도 변함없이 목사님께서 설교를 하시고 축도 후에 강단에서 내려오신다. 단위에서 내려오시는 목사님에게 한 학생이 물었다.

학생: 목사님! 목사님이 축도하시면 그 복이 정말 우리에게 옵니까?

목사: 예, 갑니다.

학생: 제게는 안 오는데요?

목사: 예! 온다고 하는 사람에게는 오고, 안 온다고 하는 사람에게는 안 오지요.

여호와의 말씀에 하나님은 내 귀에 들린 대로 행하리라고 했다. 가능의 말을 하는 자에게는 가능하게 하고 불가능을 말하는 자에게는 불가능하게 하신다. 그래서 복이 온다고 하는 사람에게는 오고, 안 온다고 하는 사람에게는 안 온다.

당신의 말버릇이 당신의 미래를 결정한다.

3. 전도사의 변: 신학교를 졸업하고 사명감에 불타 오지 마을에 가서 목회를 하는 전도사님의 변辯이다. 교회에 출석하는 할머니가 계신데 그는 어느 날 가정심방 예배를 요청했다. 정해진 날짜에 전도사님이 가방을 들고 할머니의 집을 찾아갔다.

그런데 그 집안에는 아무도 없었다. 이상하다 생각하고 마당에 서서 한참을 서성거리다가 방문 쪽을 보니 흰 종이쪽지 하나가 문고리에 끼어 있었다. 가서 읽어 보았다. 그 쪽지에는 이렇게 적혀 있었다.

'전도사님! 오늘 저는 너무 바빠서 들에 일하러 갑니다. 제가 사는 이 집은 집터가 세서 저녁이 되면 이상한 소리가 나고, 무서움이 찾아들고, 밤이면 밤마다 제 꿈자리가 너무 어지럽습니다. 전도사님께서 오시면 센 찬송 여러 장 불러주시고 구약舊約말고 새로 나온 독한 신약新約으로 읽어주세요. 그리고 고성으로 기도하고 가 주세요.'라고 했다.

전도사님은 센 찬송이 어느 장章이고 독한 신약新約이 어디에 있는지도 모르겠고 고성으로 기도할 의욕도 없어서 그냥 돌아왔다고 했다.
은혜는 자기가 준비한 그릇대로 받는 것이다.

4. 소경의 소원所願: 날이면 날마다 밤이면 밤마다 동리 앞 큰 바위에 앉아서 기도하는 한 소경이 있었다. 이 소경은 기도를 할 때마다 항상 하나님께 금덩이 하나를 달라고 했다. 그래서 이날도 변함없이 이 소경은 "하나님 아버지, 저에게 금덩이를 주십시오."라고 했다. 이렇게 기도하고 집으로 돌아오는데 도중에 발이 돌에 부딪쳐 넘어지고 말았다.

이때 소경은 큰소리로 욕설을 하며 말을 했다. "어떤 놈이 사람이 다니는 길에다 돌덩이를 두었나?" 그리고 그는 그 큰 돌을 들어 멀리멀리 힘껏 던져 버렸다. 그 다음날 소경은 변함없이 같은 장소에 가서 또 같은 기도를 했다. "하나님 아버지, 저에게 금덩이를 주십시오." 이 간절한 기도에 하나님의 음성이 들려왔다. "네가 내게 빌기에 내가 네게 금덩이를 주었더니 너는 그것을 돌이라며 멀리멀리 던져 버렸다."

누가복음 18장에 기록된 소경은 예수님에게 보기를 원한다고 했다. 이 간구에 그는 눈을 떴다. 기도에는 우선적 기도가 있는 것이다.
소경은 보는 것이 우선이다.

5. 주교의 기도: 필리핀의 한 주교는 해가 지고 어두워지면 항상 성당에 가서 기도를 했다. "하나님, 하나님. 제가 하나님 만나 뵙기를 원하나이다." 그는 성당에 가서 기도만 하면 항상 하나님 만나 뵙기를 원한다고 했다. 38년의 긴 세월이 흘렀다.

어느 날 밤에도 변함없이 성당에 가서 기도를 했다.
"하나님 아버지, 만나 뵙기를 원하나이다.
하나님 아버지, 만나 뵙기를 원하나이다."
이 간절한 기도에 하나님의 음성이 들려왔다.
"나 여기 있다. 뭐 할래?"
이 음성에 그 주교는 '이게 무슨 소린가?' 하고 깜짝 놀라 기절하여 죽었다.

모세나 엘리야나 바울이 하나님의 음성을 직접 들었으나 특별한 사람들이고, 보통사람이 하나님을 만나면 웃사처럼 죽는다. 예수님께서는 나를 본 자는 아버지를 보았거늘 어찌하여 아버지를 보이라 하느냐 라고 했다.
하나님을 직접 만나면 죽는다.

담소談笑(2)

1. 한탕주의: 한 사람이 복권을 사러 가면서 하나님께 기도를 드렸다. "하나님 아버지, 오늘 제가 복권을 사러 갑니다. 사는 복권이 꼭 당첨되게 해주십시오." 이 요구에 하나님은 "복권을 사지 말라."고 했다. 그런데 이 사람은 꼭 한번만 사겠다고 고집을 부렸다.

그날 그가 산 복권번호는 NO49892959이다. 4989 사구팔구(사고팔고) 2959 이구오구(이고오고) 복권을 사고 보니 번호가 정말 마음에 들었다. 그는 TV 앞에서 강아지 자세를 하고 복권추첨 장면을 바라본다. 복권의 번호 4 9 8 9 2 9 5가 하나하나 나오자 흥분을 참다못한 그는 캥거루처럼 일어섰다.

이제 마지막 숫자 9가 나오면 나는 1등이 된다고 생각했다. 마지막 화살을 쏘자 9에 직통으로 꽂혔다. 그는 두 손을 높이 들고 "야~! 당~처~엄이다. 야!— 당~처~엄이다." "만세. 만세. 만만세~" 한 다음 앞으로 넘어져 뇌진탕으로 죽었다.

사람이 만일 온 천하를 얻고도 제 목숨을 잃으면 무엇이 유익하리요 사람이 무엇을 주고 제 목숨과 바꾸겠느냐?(마16:26)

한탕주의가 인생을 망친다.

2. 거미줄: 신행일치를 강조하는 주의 종 야고보가 천국에서 지옥을 내려 보았다. 지옥에 있는 한 노파가 자기를 보고 살려달라고 애원을 한다. 야고보가 물었다.

"할머니!— 세상에 계실 때 무슨 선행이 있습니까?" 이 물음에 노파가 말을 했다. "내가 산에서 내려오다 얼굴에 거미줄이 걸려 거미를 잡았는데 그 거미를 죽이지 아니하고 살려 보낸 일이 있습니다." 이 말에 곧 하늘에서 거미줄이 내려왔다. 야고보가 말을 했다. "할머니, 이 거미줄을 꼭 잡으세요." 노파가 거미줄을 붙잡자 신기하게도 자기의 몸이 서서히 천국으로 이끌려 올라간다.

이 모습을 바라본 다른 노파가 하늘로 올라가는 자기 친구를 보고 말을 했다. "친구여! 자네 혼자만 가지 말고 나도 같이 좀 가세." 하면서 친구의 한쪽 발을 잡았다. 이때 위로 올라가던 노파가 생각했다. 가늘고 약한 이 거미줄이 올라가다 끊어지면 내가 어떻게 되나? 불안을 느낀 노파는 생각다가 발로 친구의 머리를 탁 찼다. 그 순간 거미줄이 뚝 끊어지면서 둘이는 다 같이 다시 지옥으로 떨어졌다.

많은 사람이 모두모두 매달려도 끊어지지 아니하는 정말 신기한 거미줄이었는데 노파는 자기도 살고 친구도 살리는 참 좋은 기회를 놓치고 말았다.
노파와 거미줄. 이웃에 대한 무관심의 종말이다.

3. 바윗돌: 이탈리아 시골 들판에 큰 바윗돌 하나가 있었다. 이 바윗돌이 자고나면 이리로 자고나면 저리로 모두가 필요 없다며 서로가 자기밭에서 돌을 굴려내 버리는 것이다. 이 모습을 바라본 미켈란젤로는 이돌을 자기에게 달라고 했다.

그리고 그는 이 돌을 바라보며 크게 외쳤다. "이 돌 속에 천사가 있다. 이 돌 속에 천사가 있다." 그리고 망치와 정鋌을 들고 작업을 시작했다. 시간이 지나면서 그 돌은 서서히 나팔 부는 아기 천사 라파엘로 변했다.

예수 그리스도는 건축자들이 필요 없다며 버린 돌이다. 이 돌이 모퉁이의 머릿돌이 되었다. 이 머릿돌은 믿는 자에게는 보배요, 불신자에게는 부딪히는 돌, 걸려 넘어지게 하는 돌이다.

바울은 십자가의 도가 멸망하는 자들에게는 미련한 것이요 구원을 받는 우리에게는 하나님의 능력이라고 했다. 버린 바윗돌 나팔 부는 천사되고, 버린 돌(예수) 모퉁이의 머릿돌이 된다.

4. 마음대로: 육군중사 출신의 우간다 초대 대통령 이디 아민이 이웃나라들을 방문할 때마다 그들이 자기를 소개할 때 신생국 우간다 아민이란 말이 늘 마음에 거슬렸다. 그래서 어느 날 영국의 유명한 역사가한 분을 초대하여 유구한 역사에 빛나는 전통을 자랑하는 화려한 우간다의 긴 역사를 집필해 달라고 부탁을 했다.

이 요구에 영국의 역사가는 말을 했다. "우간다는 긴 역사가 없습니다." 이 말에 이디 아민이 무릎을 탁치면서 말을 했다. "정말 잘 되었습니다. 아무것도 없다니 얼마나 다행입니까? 아무것도 없으니 교수님 마음대로 전통에 빛나는 문명의 발생지 우간다로 길게 길게 잘 써주십시오."

이 요구에 역사가는 말을 했다. "철학에는 이론이 있고, 과학에는 증명이 있고, 종교에는 신앙이 있고, 역사에는 증거(사실)가 있어야 합니다. 아무것도 없는데 내 마음대로 쓰는 역사는 역사가 아니고 풍자적인 소설이지요."
역사는 마음대로가 아니고 있는 대로다.

5. 단막극: 교회학교에서 어린 학생들이 단막극을 했다. 누가복음 10장에 기록된 여리고 도상에서 강도 만난 자의 이야기이다. 예루살렘에서 여리고로 내려가는 사람이 있었다. 그런데 갑자기 강도가 나타나서 지나가는 나그네의 옷을 벗기고 때린다.

거의 죽게 되자 버리고 갔다. 강도흉내를 내는 아이들이 어떻게나 발차기를 잘하고 주먹으로 잘치고 손으로 잘도 때리는지 보는 사람들이 경탄을 금치 못한다. 몸놀림이 어린이 같지 아니하고 무술사범 아니 홍길동과 같았다.

또 한사람이 나타났다. 안경을 끼고 나비넥타이를 매고 지팡이를 쥐고 가슴을 펴고 지나가는 모습이 누가 보아도 지도층(레위인) 인사로 보인다. 청중들은 모두가 생각했다. 이제 저 사람이 강도 만난 사람을 도와주겠구나. 그런데 그는 주위를 살피더니 잠시 눈을 감고 기도를 했다. "하나님 아버지! 제가 마음은 원이로되 육신이 연약합니다. 정말정말 죄송합니다." 하더니 좌우를 살피고는 얌체같이 어디론가 재빨리 사라졌다.

잠시 후에 또 한사람이 나타났다. 가방을 들고 걸어가는 모습이 꼭 한국 목사님(제사장) 스타일 같았다. 그런데 그는 무릎을 꿇고 기도를 한다. "전능하신 아버지 하나님! 저는 겁이 많고 용기가 없습니다. 도망을 가겠습니다. 미안합니다." 하고는 "제 뒤에 오는 사람에게 용기를 주셔서 저 사람을 돕게 해 주세요. 아멘." 하고는 손을 항문에다 대더니 똥줄이 빠질세라 하고 도망을 갔다.

이제는 선한 사마리아 사람이 나오는가보다 하고 모두가 마음을 조아리고 기다린다. 그런데 한참을 기다려도 무대에 나타나는 사람은 아무도 없었다. 시간이 흘렀다. 조용한 침묵 속에 무대를 비치는 조명등이 하나 둘 꺼져가더니 희미한 불빛아래서 강도 만난 자는 서서히 죽어갔다. 청중이 기다리던 선한 사마리아 사람은 나오지 아니했다.

단막극이 끝이 나고 집으로 돌아오면서 부모님들이 아이들에게 물었다. "얘들아! 너희들은 어떻게 그렇게 발로 사람을 잘도 차고 주먹으로 치고 때리기를 잘하느냐?"

이 질문에 아이들의 대답을 했다. "교회에서 늘 보고 배우는 것이 그건데요 뭘." 이 대답에 처음에는 부모님들이 웃었다. 그러나 잠시 후에는 심각해졌다. 우리가 예수를 잘못 믿고 아이들에게 신앙교육을 잘못 했구나 하면서 부모들은 말을 잃었다.

교회학교 학생들의 단막극이다.
어린 아이들이 본 기성세대의 쏩쓸한 신앙모습이다.

기름을 채우세 내 등불에

마태복음 25장에는 열 처녀의 비유가 기록되어 있다. 지혜롭게 기름을 준비한 다섯 처녀는 혼인잔치에 들어가고, 기름 없는 등을 가진 다섯 처녀는 거절을 당했다. 그래서 성서는 우리 마음의 등불에 믿음의 기름을 채우라고 강조한다.

1895년 E. R. 라타가 작사하고 W.J. 커크패트릭에 의하여 작곡된 찬송가에는 "신랑 되신 예수께서 다시 오실 때 밝은 등불 들고 나갈 준비 됐느냐 그날 밤 그날 밤에 주님 맞을 등불이 준비됐느냐"라고 했다. 이 찬송은 우리 마음의 등불에 믿음의 기름을 채우라는 것이다.

「기름을 채우세」라는 복음송도 감동적이다.
기름을 채우세 내 등불에 믿음의 기름을 채워
주 예수 우리를 찾으실 때 예비하고 맞아들이라
....

기름을 채우는 이유는 주님 오실 때 등불을 밝히라는 것이다. 불 없는 등, 맛 잃은 소금, 타버린 연탄재, 기름 없는 차, 비 없는 구름, 이 모두는 우리에게 아무런 소용이 없다.

「장님의 등불」이라는 이야기가 있다. 한 시각장애인이 스승의 집엘 갔다. 서로가 이야기를 하다 보니 밤은 깊어지고 장애인은 밤늦게 귀가를 하게 되었다. 그래서 스승은 제자에게 등불 하나를 준비해주면서 들고 가라고 했다.

제자가 "선생님, 제가 왜 이 등불이 필요해요?" 하자 스승은 제자에게 말을 했다. "자네가 등불을 들고 가면 앞에서 오는 상대가 자네를 보고 길을 비켜줄 걸세." 이 말에 제자는 등불을 받아들고 흰 지팡이를 쥐고 조심스럽게 집으로 돌아오고 있었다.

그런데 오는 도중에 문제가 생겼다. 앞에서 오는 행인과 부딪힌 것이다. 이때 시각장애인이 먼저 말을 했다. "여보시요! 당신의 눈에는 이 등불이 안 보이세요?" 흰 지팡이를 쥔 상대가 장님임을 알아차린 행인이 말을 했다. "아! 정말 죄송합니다. 그런데 당신이 가지고 있는 그 등에는 불이 없습니다."

현재 우리나라에는 1200만이라고 하는 많은 기독교 신자들이 있다. 이들을 향해서 성서는 세상의 소금이요, 세상의 빛이라는 것이다. 그런데 이 모두가 이 나라를 비추는 빛이라면 이 세상은 얼마나 밝을까 생각해본다. 그런데 이 세상은 너무나 어둡다. 그 이유는 불 없는 등을 의지하고 가는 맹인의 신자, 기름 없는 등을 들고 신랑을 맞이하려는 미련한 처녀 같은 성도들이기 때문이다.

저 그리스의 철학자 디오게네스는 대낮에 등불을 들고 다녔다. 그는 등불을 들고 아테네 거리를 다니면서 무엇인가를 열심히 찾고 있었다. 이를 지켜본 한 시민이 물었다. "선생님은 지금 무엇을 찾고 계십니까?" 이 질문에 디오게네스는 사람을 찾는다고 했다. "선생님, 인적이 없는 들판이나 깊은 산 계곡이 아니고 사람 많은 이 아테네 거리에서 사람을 찾다니요?" 이 질문에 디오게네스는 말을 했다. "사람은 많으나 사람다운 사람이 없습니다."

여기 이 디오게네스는 참 인간을 찾고 있는 것이다. 오늘 우리는 수많은 사람을 만나고 접촉하고 살아간다. 그러면서도 사람다운 사람을 만난 적이 없다. 오늘 우리가 사회생활 속에서 당신이 당신의 마음을 줄 수 있는 진실한 참 친구는 얼마나 있는가?

UN에서 조사한 오늘날 세계인구 증가현상을 보면
0년~1200년까지는 2억5천만 / 1200년~1650년까지는 5억
1650년~1850년까지는 10억 / 1850년~1930년까지는 20억
1930년~1975년까지는 40억 / 1975년~2010년까지는 80억이다.
(2005년까지 100억으로 추산하는 사람도 있다.)
그런데 2010년~2035년까지는 100억으로 추산을 한다.

이렇게 세계인구가 기하급수적으로 늘어나지만 진실한 사람을 찾기란 모래에서 금알을 발견하고 꺼진 재에서 보옥을 발견하기보다 더 어렵다. 그래서 디오게네스가 대낮인데도 복잡한 아테네 거리에서 등불을 들고 다니는 것이다. 오늘날 이 땅에 참 목자, 참 신자는 다 어디에 있는가?

부산에서 목회를 하는 한 목사님이 한국 어디엔가 개척교회 하나를 세

우기 위해서 차를 타고 전국을 다니며 교회 개척지를 물색해 보았지만 찾지를 못했다고 했다. 그가 가는 곳곳마다 십자탑이 높이선 교회당이 서 있었다고 했다.

한마디로 한국에는 교회도 많고 신자도 많다는 것이다. 교회에 가면 거의 모두가 집사 아니면 권사이고 장로도 많고 목사도 차고 넘쳐 무임목사도 많다. 그런데 문제는 신자다운 신자는 얼마나 되며 목사다운 목사는 얼마나 될까? 디오게네스처럼 등불 들고 찾아보았으면 한다.

우리는 불 없는 등을 의지하고 가는 맹인의 신자가 되어서는 절대 안 된다. 기름 없는 등을 들고 주님을 맞이하려고 하는 미련한 처녀가 되어서도 안 된다.

그래서 내 등불에 기름을 채워야 한다.
기름을 채우세 내 등불에
믿음의 기름을 채워
주 예수 우리를 찾으실 때
기쁨으로 주를 맞아들였으면 한다.

기름을 채우세 내 등불에, 기름을 채우세 내 등불에.

창조하는 삶

하나님은 인간에게 달란트를 주셨다. 이 재능의 활용에 따라 인간 삶이 달라진다. 과학자들의 말에 의하면 인간의 뇌는 136억5300만개의 뇌세포로 되어있다고 한다.

일본의 한 학자가 인간의 뇌를 연구했는데 머리를 많이 사용하는 사람의 골骨은 탱자와 같이 또는 전축의 판같이 쪼글쪼글 하고 울퉁불퉁한데 비해서 머리를 사용하지 아니하는 바보의 골은 미끈미끈하고 매끌매끌하다고 했다.

괴테는 0.4%, 아인슈타인은 0.6%를 사용했다는 것이다. 이 말은 인간이 자기재능의 활용에 따라서 그 삶이 달라질 수 있다는 발전 가능성을 말하는 것이다.

쇠붙이를 가지고 말편자를 만들면 10불, 바늘을 만들면 100불, 용수철을 만들면 1000불, 시계를 만들면 10000불을 번다고 한다. 이 말도 인간의 창조적인 삶을 강조하는 말이다.

프랭크 킹덤Frank Kingdom은 '성공의 프로그램'이라는 글 속에서 창조적인 인간 삶의 목표를 다음과 같이 요약을 했다.

자기의 소원을 분명히 할 것

할 수 있다고 하는 자신감을 가질 것

과거의 실패를 기억하지 말 것

목표를 정하면 즉시 시작할 것

설정한 목표를 널리 알릴 것

성취를 위해서 자기단련을 할 것이라고 했다.

미래를 창조하는 자는 삶의 목표를 정해야 한다.

그래서 인간은 자신감을 가져야 하고, 적극성을 가져야 하고, 열심히 있어야 하고, 집중력이 있어야 하고, 깨끗한 목표를 가져야 한다. 이렇게 사는 사람은 창조적인 삶을 살 수가 있는 것이다.

하나님은 인간에게 자연을 주셨다. 그러나 정원은 내가 만들어야 한다. 하나님은 땅속에 철강은 주셨다. 그러나 자동차는 내가 만들어야 한다. 하나님은 땅에서 나무를 자라게 하신다. 그러나 나무집은 내가 지어야 한다. 하나님은 땅속에 오일을 주셨다. 그러나 휘발유, 경유, 석유를 만드는 일은 인간이 해야 한다.

하나님을 향해서 마치 교통순경처럼 이렇게 해주세요, 저렇게 해주세요 하지 말고 내가 할 수 있는 지혜와 힘을 달라고 기도해야 한다. 어려움을 제거해 달라고 기도하지 말고 어려움을 이길 힘을 달라고 기도해야 하고, 앞에 장애물을 치워 달라고 기도하지 말고 장애물을 뛰어 넘을 수 있는 힘을 달라고 기도해야 한다.

옛날 인도신화 가운데 이런 이야기가 있다. 그레이시아나 신이 인간을 창조할 때 먼저 남자 하나를 만들었다. 그리고 연못 속에 피어 있는 아름다운 연꽃이 변하여 한 소녀가 되게 하였다. 그리고 신은 이 소녀를 위하여 주택 하나를 장만해 주기로 하고 장소를 소개했다.

처음 소개한 곳은 아늑한 굴속이었다. 그레이시아나 신이 소녀에게 저기 들어가 살라고 말했다. 캄캄한 굴속을 본 소녀는 저런 흑암 속에서는 살 수가 없다고 거절을 했다.

신은 다시 밝은 광야를 소개하자 모진 광풍이 휘몰아치는 광야에서는 더욱 살 수가 없다고 했다. 신은 다시 고요한 연못을 소개하자 물뱀과 요물이 득실거리는 저런 연못에서는 살 수가 없다고 소녀는 또 거절을 했다.

이때 시인 와르미키가 숲속에서 밴조를 켜며 나왔다. 신은 말했다. "소녀여, 저 시인의 가슴 속에 들어가 살아라." 소녀는 시인의 가슴 속을 들여다 보고는 으악 소리를 지르며 말을 했다. "신이시여, 저 남자의 가슴 속에는 캄캄한 굴속, 광풍이 휘몰아치는 광야, 물뱀과 요물이 득실거리는 연못, 이 모두가 몽땅 도사리고 있습니다."

이때 그레이시아나 신은 엄격한 어조로 소녀에게 말을 했다. "그런 마음의 자세로는 네가 이 세상에서 살 땅은 없노라." 그리고 명령을 했다. "저 남자의 가슴 속에 들어가 살아라. 살다가 음침한 연못이 있으면 너는 그곳을 명랑하게 하는 진주가 되고, 그 속에 광풍이 휘몰아치는 광야가 있으면 너는 향기를 떨치는 한 송이의 백합화가 되고, 물뱀과 요물이 득실거리는 연못이 있으면 너는 그 흑암을 쫓아버리는 밝은 태양이 되어라."

이때 소녀는 비로소 인간이 살아가는 삶의 비결을 배우고 그 시인의 가슴 속에 들어가 살았다는 것이다. 이 신화는 오늘 우리로 하여금 창조적인 삶을 강조하는 것이다.

조지 워싱턴 카버George Washington Carver는 1864년 미국 미주리 주에서 흑인 노예의 아들로 태어났다. 갖가지 곤경을 겪으면서도 그는 드디어 농업관련과학자로 흑인들을 위한 대학에서 교수로 평생을 봉사하며 산 사람이다.

그는 미국 남부에서 목화를 계속 심어온 땅이 메말라 황폐해 지는 것을 보고 농부들에게 땅에 영양분을 주는 땅콩을 심으라고 권유했다. 그 땅콩의 수확량이 엄청나게 늘자 그 수요를 늘리기 위해서 연구에 연구를 거듭한 끝에 200가지가 넘는 땅콩 사용법을 발견해내서 '땅콩박사'라는 별명을 얻었다.

땅콩이 많이 재배되었지만 처리할 방법이 문제가 되자 땅콩버터, 인조고기, 빵, 땅콩우유, 음료 등을 발명하고, 땅콩에서 식재료 영양제 약재 화공약품 등 수많은 재료들을 발견하여 가난에 허덕이는 미국 남부 지역 농부들을 구해내는 사람이 되었다.

창조하는 인간 삶은 주어진 처지를 약진의 발판으로 삼아 과거를 과감하게 청산하고 뒤엣것을 잊어버리고 두려움 없이 앞을 보고 달려가는 사람이다. 우리는 우리의 달란트로 창조하는 인생 삶을 살아갔으면 한다.

인내가 정상을 가게 한다

옛날 우스 땅에 욥이라고 하는 사람이 있었다. 그는 온전하고 정직하여 하나님을 경외하며 악에서 떠난 자라고 했다. 그에게는 아들 일곱과 딸 셋이 있었고 소유물도 많아서 사람들은 그를 동방 사람 중에서 가장 큰 자라고 칭했다.

그러던 그가 갑자기 재앙을 만나서 자녀도 잃고 재산도 잃고 자기의 건강도 잃었는데 아내마저도 자기에게 하나님을 저주하고 죽으라고 했다. 이러한 역경과 곤고 속에서도 인내의 욥은 고난을 넘어 하나님을 찾고 희망의 열쇠를 찾으며 시련 속에서 정상을 되찾는 인생을 살아갔다.

철학과 종교에 관한 고찰과 진화론에 대한 지지로 이름 높은 영국의 헉슬리는 현대인을 가리켜 두 눈이 뽑히고 머리가 잘린 채 연자 맷돌을 돌리고 있는 삼손과 같다고 했다.

이 말은 힘없이 방향 감각도 없이 하염없이 맷돌만을 돌리고 있는 현대인을 칭하는 말이다. 우리는 이 속에서 인내와 고통이 나에게 주는 의미를 잘 알았으면 한다.

20세기 미국 문학의 거장이요 현대 문학의 개척자라 불리는 E. M. 헤밍웨이는 소설 「킬리만자로의 눈」을 저술했다. 이 책은 제1차 세계대전 이후 삶의 좌표를 잃어버린 세대를 향해서 방향을 제시해주는 작품이다.

그의 소설 『킬리만자로의 눈』을 읽으면 아프리카에서 가장 높은 산 킬리만자로의 눈 덮인 정상에서 메말라 얼어붙은 한 마리 표범의 시체를 볼 수가 있다.

그 표범은 추위와 굶주림을 무릅쓰고 독특한 개성의 냄새를 맡으며 산을 오르고 오르고 또 오르다가 눈 덮인 하얀 산 정상에서 죽었다. 그 표범이 그 정상에서 무엇을 찾다가 죽었는지에 대해서 아는 사람은 아무도 없다.

아마도 인간이 이 세상을 살아가면서 삶이 고달프고 괴로워도 썩은 고기를 찾아다니는 저 하이에나가 되지 말고 높고 높은 산 정상에 올라서 무엇인가를 찾다가 죽어간 표범처럼 살아가라는 내용이 아닌가 생각한다.

인간은 정글 속에서 썩은 고기를 찾아다니는 저 하이에나의 삶이 되어서는 안 된다. 저 높디높은 산 정상을 향하여 올라가는 표범처럼 우리는 천성을 향하여 독수리 같이 올라가야 한다. 그런데 인내의 땀이 없이는 인간이 결단코 정상에 오를 수가 없다.

희랍 신화에는 「시지프스의 바위」라는 이야기가 있다. 어느 날 제우스

신이 아소포스 강의 딸 아에기나를 유괴해갔는데, 아소포스는 자기 딸이 어디로 끌려갔는지를 모른다. 그런데 그가 비탄에 빠져 있을 때 그 일을 알고 있는 시지프스가 아소포스에게 코린트성에 물을 보내준다면 내가 그 비밀을 알려주겠다고 제안을 했다.

이때 하늘의 제우스신이 신의 일에 간섭하는 시지프스를 처벌하기로 결정했다. 그때 그에게 내려진 형벌이 곧 큰 바위를 산꼭대기까지 밀어 올리는 것이었다. 그러나 그가 바위를 산꼭대기까지 밀어 올리면 바위는 다시 굴러서 원점으로 되돌아온다. 하지만 시지프스는 그 일을 그만둘 수가 없고, 그 일을 계속해서 반복해야 하는 형벌 속에서 살아가야 하는 것이다.

구약성서에는 인간의 죄에 대한 하나님의 형벌이 잘 기록되어 있다. 먹지 말라는 선악과를 먹음으로 인간이 흙으로 돌아갈 때까지 얼굴에 땀을 흘려야 했다. 죄로 인한 인간에게 내려진 하나님의 형벌이 너무나도 크고 가혹한 것이지만 그래도 인내의 욥과 같이 인간은 그 형벌을 잘 참고 견디면서 일을 하는 것이다.

마치 시지프스가 두 손바닥과 뺨을 바위에다 굳게 붙이고 바위를 산꼭대기로 밀어 올리면서도 누구도 경험해 보지 못한 어떤 기쁨을 맛보는 것처럼 인간도 얼굴에 인내의 땀을 흘리면서 그 속에서 노동의 기쁨을 맛보며 살아가는 것이다.

이스라엘의 사사 삼손이 들릴라 앞에서 머리가 잘리고 하나님의 형벌에 두 눈이 뽑히면서 연자 맷돌을 돌리는 인간이 된다. 그러나 후에 영안이 밝아지고 회개한 후에는 그가 다시 힘을 회복하여 40년 동안 블레셋의 지배를 받고 있던 이스라엘을 구원하여 이스라엘에 평온을 되찾는 유명한 사사가 된다.

오늘 우리는 우리의 죄로 말미암아 아담처럼 이마에 땀을 흘리며 살아가고 있다. 또 삼손같이 두 눈이 뽑히고 머리를 깎인 채 맷돌을 돌리고, 또 욥과 같이 고난에서도 견디며, 시지프스와 같이 큰 바위를 산꼭대기까지 밀어 올리며 살아가고 있는 것이다.

이 삶이 독특한 개성의 냄새를 맡으며 산을 오르고 오르고 또 오르다가 눈 덮인 하얀 산 정상에서 죽어간 표범같이 살아가는 삶이 되어야 하는 것이다. 왜냐하면 이 세상에서 우리의 삶이 썩은 고기를 찾아다니는 하이에나의 인생이 되어서는 절대 안 되기 때문이다.

땀을 흘리는 그 고통 뒤에는 우리에게 가죽옷을 주시는 하나님이 계신다. 그리고 우리의 소망은 이 세상의 소망이 아닌 하늘나라의 소망을 가지고 살아가는 것이다.

"이 세상의 소망 구름 같고 부귀와 영화도 한 꿈일세 사망의 바람에 이슬 같이 되나 나의 귀한 목숨 영원일세 나의 귀한 목숨 영원일세" 라고 하는 복음 송처럼 우리는 영원을 소유하고 사는 사람이기 때문이다.

무엇인가를 찾기 위해서 킬리만자로의 정상을 오르고 오르다가 죽어간 저 표범처럼 오늘 예수 그리스도를 믿고 사는 우리는 욥의 인내를 가지고 천성을 향하여 올라가는 성도들이 되어야 한다.

"주를 앙모하는 자 올라가 올라가 독수리같이" 하는 찬송처럼 우리는 독수리같이 높이높이 올라가야 하는 것이다. 왜냐하면 우리의 소망은 이 세상에 있는 것이 아니고 저 하늘나라에 있기 때문이다.

부지런하여 게으르지 말고 열심을 품고 주님을 신앙하며
흘리는 인내의 땀이 우리로 하여금
저 정상을 가게 한다.

강의 단상

1980년대 우리나라 교육부에서는 대학교수들의 질 향상을 위해서 지방대학과 서울에 있는 대학과의 교환교수제도를 많이 권장했고 1990년대에는 해외대학과의 교환교수제도도 많이 권장을 했다. 그래서 나는 지방에 있으면서 서울로 와 강의를 하기도 하고, 외국에 가서 연구교수로 있기도 했다.

서울에 와서 내가 해야 하는 강의과목은 「기독교신학의 이해」였다. 이 시간에 나는 하나님의 4대 속성attribute에 관한 강의를 했다.

하나님의 4대 속성:
전능하신 하나님 The omni potence of God
전지하신 하나님 The omni Science of God
무소부재하신 하나님 The omni presence of God
하나님의 도덕성 The moral attribute of God

하나님의 도덕성:
거룩성 The holiness of God
공의 The righteousness and justice of God

사랑 The love of God
궁휼과 자비 The mercy and loving kindness of God

이 강의 도중에 한 학생이 손을 들고 질문을 했다.
"교수님, 하나님의 무소부재가 무슨 뜻입니까?"
이 질문에 무소부재란 하나님의 적극적 품성 가운데 하나로, 그 존재와
섭리가 미치지 않는 곳이 없이 어디에나 다 존재함을 이르는 말이라고
설명을 했다.

학생은 또 물었다.
"그러면 하나님은 지옥에도 계시겠네요?"
이 질문에 나는 하나님의 속성이 무소부재하시기 때문에 지옥에도 하
나님은 계신다고 했다.
이때 학생은 말을 했다. "불구덩이 지옥 속에서 하나님의 고생이 참 많
으시겠습니다."라고 하는 것이다.

나는 그에게 다음과 같은 말을 했다.
"학생, 잘 들어요!
내가 하나님의 4대 속성을 이야기 할 때 제일먼저 하나님의 전능성을
이야기 했는데 그것은 망각하고 무소부재하신 하나님께서 지옥에도
계신다고 하니 하나님의 고생이 많다고 생각하는가? 하나님은 전능성
을 가지고 계시기 때문에 비록 지옥에 계셔도 아무런 고통이 없이 시원
히 계실 수 있습니다. 걱정하지 마세요.

하지만 만일 학생이 지옥에 간다면 상황은 달라요. 인간은 전능성이 없

기 때문에 죽고 싶어도 죽을 수도 없고 도망을 가고 싶어도 못가고 오직 영원한 형벌이 있음을 명심해야 돼요." 이 말에 학생들 모두가 큰 소리로 웃고 시간이 끝이 났다.

날이 가고 달이 가고 일 년의 교환교수 기간이 모두 끝이 났다. 그런데 학교의 요청으로 계속 교육을 했다. 그러던 어느 날 하루 지하철 역사로 들어가는데 한 젊은이가 나에게 인사를 했다. 기억이 없어 "누구세요?" 하고 물었더니 대학에서 나에게 기독교 신학의 강의를 들었다는 것이다. 하도 반가워서 손을 잡고 인사를 나눈 후에 "지금 어디를 가세요?" 하자 그는 대학을 졸업한 후에 신학교에 입학을 했다는 것이다.

나는 깜짝 놀라 "신학교를 가게 된 동기가 무엇입니까?" 이 질문에 그는 말을 했다. 옛날 교수님께서 강의 시간에 전능성이 없는 인간이 죽어 지옥에 간다면 벗어날 수 없는 '영원한 형벌이 있다'는 강의말씀이 늘 귓가에 쟁쟁거려 그 후에 예수를 믿고 드디어 신학교를 가게 되었다는 것이다. 나는 "참 잘 되었습니다." 하고는 헤어졌다.

전도서 11장1절에 너는 네 떡(씨)을 물 위에 던져라 여러 날 후에 도로 찾으리라 했고, 이사야 30장23절에는 네가 땅에 뿌린 종자에 주께서 비를 주사 땅이 먹을 것을 내며 곡식이 풍성하고 기름지게 하실 것이며 그 날에 네 가축이 광활한 목장에서 먹을 것이라고 했다.

고대 애굽에서는 나일강이 범람할 때 농부들은 물이 다 빠지기를 기다릴 수가 없었다. 그래서 배를 타고 물위를 이리로 저리로 다니면서 씨를 뿌리는 것이다. 씨를 뿌릴 때에는 이 씨가 언제 싹이 나며 저 씨가 언제 자라날까 생각되지만 범람했던 강물이 빠지고 들판이 따사한 햇빛을 받으면 씨는 싹이 나고 식물이 자라면 대풍의 곡식을 거둔다는 것이다. 그래서 나일 강변은 세계에서 유명한 곡창지대가 되는 것이야.

강의 시간에 무심코 뿌려진 복음의 씨앗이 물위에 던진 씨앗 같아서 언제 저 씨가 싹이 나고 언제 저 싹이 자라날까 생각 하면서 학생과 헤어졌다. 전도서 기자의 말대로 물위에 던진 떡(씨)이 되고, 이사야선지의 예언대로 땅에 뿌린 종자에 주께서 비를 주사 땅이 먹을 것을 내며 곡식이 풍성하게 됨같이 되었으면 하는 마음이 간절했다.

한국교회가 6 · 25 직후에는 교회마다 부흥회니 사경회니 하면서 많은 집회들이 있었고 또 주일 밤 예배 후에는 간증의 시간도 많이 가졌다. 이때 간혹 예수를 믿는 사람들에게 자기가 신앙을 가지게 된 동기를 물으면 여러 가지 대답이 있다. 이때 한 젊은이의 고백이다.

어느 날 하루 길을 가는데 교회의 노老 권사가 자기에게 전도지를 주면서 예수를 믿으라고 했단다. 그런데 그 때 그는 버릇없이 그 전도지를 받아서 코를 팽 풀었다고 했다. 그 후에 그 청년은 축농증에 걸렸다. 여러 병원을 찾아다니며 치료를 받았으나 별 효험이 없었는데 결국 예수를 믿고 축농증이 고쳐졌다는 간증이다.

이런 이야기를 들으면 우리가 전도를 할 때에는 물위에 던지는 씨앗처럼 막막할 때가 많이 있고 또 상대가 불손하게 대할 때는 정말 기분이 상하기도 하고 전도할 마음이 없어진다.

그래도 씨앗이 싹이 나고 자라게 하시는 이는 하나님이심을 우리는 믿어야 한다. 그래서 디모데후서 4장2절에서 바울은 때를 얻든지 못 얻든지 항상 말씀을 전파하라고 했다.

너희는 가서 모든 민족을 제자로 삼아 아버지와 아들과 성령의 이름으로 세례를 베풀고 내가 너희에게 분부한 모든 것을 가르쳐 지키게 하라는 것이 하나님의 지상명령이다.

그리고 시편기자는 눈물을 흘리며 씨를 뿌리는 자는 기쁨으로 그 곡식단을 가지고 돌아오리라고 했다.
이 말씀이 오늘 우리에게 생기를 주는 것이다.

강의 단상이다.

굴속의 토끼

깊고 깊은 캄캄한 굴속에서 토끼들이 살고 있었다. 그런데 어느 날 굴속의 토끼 한마리가 한줄기의 밝은 빛을 발견하고 그 빛을 따라서 뛰기 시작했다. 길고도 먼 길임에도 불구하고 토끼는 달리고 또 달렸다. 지치고 지치면서도 살기 위해서 계속 달리는 것이다.

좁고 험한 굴속을 계속 달리던 토끼는 마침내 굴 입구에 도달했다. 토끼는 따사한 햇빛을 받으며 이제는 살았구나 했다. 그리고 밖에 나와서 토끼가 바라본 세상은 너무나 아름다웠다. 하지만 토끼는 밝은 빛에 적응하지 못하고 힘없이 서서히 죽어갔다.

오늘날 북한에는 캄캄한 굴속의 토끼같이 살아가는 사람들이 많이 있다. 일에 지치고 배는 주리고 몸은 추워서 견딜 수가 없다. 인권의 자유, 거주이전의 자유, 언론의 자유, 소유의 자유가 없어서 저들은 어둡고 캄캄한 깊은 동굴 속에서 토끼처럼 살아가고 있는 것이다.

그런데 이들이 언제부터인가 라디오와 TV 그리고 스마트 폰과 여러 전파의 소리를 접하면서 이 세상 어디엔가 따뜻하고 밝은 자유의 세상이 있다는 사실을 알게 되었다.

그래서 굴속의 토끼처럼 그들은 탈출을 시도했다. 탈출에 실패한 사람도 많지만 이곳저곳에서 자유의 세상으로 나오는데 성공한 사람들도 많이 있다.

통계청 누리집에 의하면 탈북민은 2005년 이후 2,000명 이상 급증하다가 2011년 이후에 다소 줄다가 현재는 33,022명이 남한 사회에 살고 있다고 했다. 그런데 문제는 이들이 더 나은 삶을 위해서 이곳에 왔지만 자본주의 사회에서는 치열하게 경쟁을 해야 하고 비교적 낮은 사회적 신분과 적은 소득에서 그들이 박탈감을 갖는 데 큰 문제가 있다.

이들이 빛의 나라에 와서 인간의 권리와 의무를 보니 너무나 휘황찬란하다. 토끼가 본 태양처럼 빛나는 세계, 꿈같은 세상이다. 이런 세계도 있구나 하고 감탄을 한다. 그러나 현실은 너무나 다르다.

우리나라 헌법 제2장에 보면 국민의 권리와 의무가 잘 기록되어 있다. 헌법에서 보장하는 국민의 권리로는 자유권, 사회권, 참정권, 평등권, 청구권이 있고, 의무로는 교육, 근로, 납세, 국방의 의무와 환경보전을 위한 노력이 있다.

권한權限이라 함은 사람이나 기관이 보유하여 행사할 수 있는 권리나 권력의 범위이다.
권리權利라고 함은 어떤 일을 주체적으로 자유롭게 처리하거나 타인에 대하여 당연히 주장하고 요구할 수 있는 자격이나 힘이다.
의무義務라고 함은 당연히 내가 해야 할 일을 말한다.

오늘 우리가 이 나라 국민의 의무와 권리를 보면 정말 우리는 참 좋은 나라에 살고 있다는 생각이 든다. 오늘 우리는 행복한 사람이고 복을 받고 사는 사람들이라고 확신한다.

그런데 깊은 동굴 속에서 탈출한 토끼가 이 밝은 자유의 세계에 와서 적응하지 못하고 뜨거운 햇빛에 서서히 죽어가듯 탈북민은 자유의 홍수 속에서 죽어가는 것이다. 이러한 비참한 현실을 바라보고 오늘 우리는 과연 어떻게 해야 한다고 생각는가?

문제는 이 좋은 세상에 토끼가 나왔지만 그들에게는 천적이 너무나 많다. 고양이, 부엉이, 매와 같은 천적이 있어서 보호의 손길이 필요하다. 서서히 죽어가는 토끼를 살리는 길은 화려한 자유와 권리와 의무가 아니고 천적의 접근을 막는 길이다.

달떡 별떡 꿀떡에 관한 이야기가 있다. 한 순진한 어린아이가 빵떡 하나를 가지고 있었다. 이것을 바라본 매 같은 인상을 가진 건달이 나타나서 말을 했다. "아이야, 내가 그 빵떡으로 너에게 달떡을 만들어주마." 이 말에 순진한 이 어린이는 그렇게 해달라고 했다.

빵떡을 받아든 건달은 입으로 한입 베어 먹고는 달 모양의 떡이 되었다고 했다. 아이가 울자 내가 다시 별떡을 만들어주마 하고는 떡의 양쪽을 베어 먹고서 별 모양의 떡이 되었다고 했다. 아이가 또 울자 내가 이번에는 꿀떡을 만들어주마 하고는 빵떡을 몽땅 입에다 넣고 우물우물하다가 꿀떡 삼키고는 꿀떡이라고 했다. 이것이 오늘날 굴속의 토끼 탈북민의 신세다.

굴속에서 나와 찬란한 햇빛을 보며 좋아하는 토끼가 서서히 죽어가는 이 안타까운 현실을 보면서 오늘 우리가 그들을 살리는 길은 입에 발린 말이나 화려한 이론이 아니고 진정한 우리의 관심과 사랑의 실천이다.

생각해보는 굴속의 토끼다.

사랑의 체크 리스트

신약성서 고린도전서 13장에는 사랑에 대한 이야기로 가득 차 있다.

내가 사람의 방언과 천사의 말을 할지라도 사랑이 없으면 소리 나는 구리와 울리는 꽹과리가 되고 내가 예언하는 능력이 있어 모든 비밀과 모든 지식을 알고 또 산을 옮길 만한 모든 믿음이 있을지라도 사랑이 없으면 내가 아무 것도 아니요 내가 내게 있는 모든 것으로 구제하고 또 내 몸을 불사르게 내줄지라도 사랑이 없으면 내게 아무 유익이 없다고 했다.

사랑의 15가지
오래 참고(사랑의 깊이)
온유하며
시기하지 아니하며
자랑하지 아니하며
교만하지 아니하며

무례히 행하지 아니하며
자기의 유익을 구하지 아니하며

성내지 아니하며
악한 것을 생각하지 아니하며
불의를 기뻐하지 아니하며

진리와 함께 기뻐하고
모든 것을 참으며(사랑의 넓이)
모든 것을 믿으며
모든 것을 바라며
모든 것을 견디느니라.

사랑은 언제까지나 떨어지지 아니하되 예언도 폐하고 방언도 그치고
지식도 폐하리라고 했다. 그리고 믿음, 소망, 사랑, 이 세 가지는 항상
있을 것인데 그 중의 제일은 사랑이라는 것이다.

독일의 정신분석학자요 사회 심리학자인 프롬은
그의 저서『사랑의 기술』에서
사랑은 관심이다,
사랑은 주는 것이다,
사랑은 책임이다,
사랑은 존중하고 소중히 여기는 것이다,
사랑은 이해하는 것이다, 기독의 사랑을 이 5가지로 설명했다.

그리고 미국의 D. M. 웨이틀리 교수는
사랑은 듣는 것─경청(Listening),
사랑은 덮어주는 것─용서(Over-Looking),

사랑은 가치를 인정해주는 것－존중(Valuing),
사랑은 주는 것－표현(Expressing)이라고 했다.
여기 웨이틀리 교수는 기독의 사랑을 L.O.V.E.로 설명했다.

우리식구는 매일저녁마다 가정예배를 한다. 어느 날 고린도전서 13장
을 읽고, 예배 후에 모두가 종이와 펜을 들고 사랑의 15가지를 얼마나
실천을 하는가 하고 체크 리스트 해보기로 했다.

그리고 15가지 사랑의 설문에서 한 문항에 10점씩 하여 150점을 만점
으로 했다.
150~140이면 훌륭한 사람 / 130~120이면 칭찬할 사람
110~90이면 평범한 사람 / 80~60이면 반성할 사람
50 이하이면 회개할 사람이다.

15가지 사랑을 하나하나 점검해본 후에 모두에게 물었다.
몇 점이 나왔는가?
이구동성으로 모두가 0점이라는 것이다. 나는 천정을 향하여 웃으면서
우리 모두는 반성하고 회개할 사람이라고 했다.

불교 법구비유경法句譬喩經에 보면 국자는 국 맛을 모른다는 말이 있다.
이 말은 어리석은 자는 지혜로움을 보아도 그 이치를 깨닫지 못한다는
말이다.
우리는 사랑의 진미를 알아야 한다.

그래서 혀가 음식 맛을 아는 것처럼 사랑의 15가지도 그 의미를 잘 알

고 행하면 생기 넘치는 삶이 되지만 좋은 글귀를 액자에 담아 벽에 걸어두고 구경만 한다면 어떻게 될까?

그것은 국 맛을 모르는 국자와 같은 사람이 된다.

임마누엘의 하나님

성서에는 하나님이 인간을 사랑하시는 의미의 여러 가지 구속적 명칭
이 기록되어 있다.
야훼 찌드케누. 여호와는 우리의 의/ 야훼 라하. 여호와는 나의 목자
야훼 샬롬. 여호와는 나의 평강 / 야훼 삼마. 여호와는 거기 계심
야훼 라파. 여호와는 치료하심 / 야훼 이레. 여호와는 준비하심
야훼 닛시. 여호와는 나의 깃발, 이상 7가지이다.
이러한 하나님이 임마누엘이 되셨다. 곧 인카네이션(道成人神)이다.

우리 식구는 다음과 같은 복음송을 자주 부른다.
임마누엘 우리주님 세상에 오셨네 할렐루야
믿는자는 누구든지 구원함을 주시네 할렐루야
(후렴)어제도 오늘도, 오늘도 내일도 늘 변함이 없는
내 주 하나님 그 크신 사랑 늘 함께 하시네

실로암 베데스다 이곳에 있으니 할렐루야
믿고 찾아오는 병자 새생명을 주시네 할렐루야

우리삶이 고달프고 슬픔이 많아도 할렐루야

광야의 오병이어 생명떡을 주시네 할렐루야

승천하신 우리주님 또다시 오셨네 할렐루야
밝은 등불 예비하면 주님 다시 만나리 할렐루야

우리 모두는 이런 임마누엘의 하나님과 같이 인생길을 살아가고 있는
축복된 사람들이다.

오늘 우리가 교회에 가면 서로가 샬롬이라고 인사를 하고 기도할 때는
에벤에셀의 하나님, 임마누엘의 하나님, 이레의 하나님이라고 하는 말
들을 많이 사용한다. 그런데 그 말의 의미가 인간이 살아가는 시간과
밀접한 관계가 있음을 알고 사용했으면 한다.

어거스틴은 그의 시간론에서 시간을 **기억**에서 과거의 현재, **직각**에서
현재의 현재, **기대**에서 미래의 현재로 구분했다. 이 시간 속에서 하나
님이 우리와 함께하신다는 말이 에벤에셀의 하나님, 임마누엘의 하나
님, 여호와 이레의 하나님이시다. 그래서 어제도 오늘도 내일도 늘 변
함이 없으신 내 주 하나님의 사랑을 찬양하는 것이다.

에벤에셀의 하나님은 기억記憶에서 하나님이 여기(어제)까지 우리를
도우심이다. 이 말은 과거에 베풀어 주신 하나님의 은혜에 감사하고,
지금까지 지내온 것 주의 크신 은혜임을 감사하고, 오늘까지 복과 은혜
내려주신 하나님의 은혜를 감사하고 찬양하는 뜻에서 에벤에셀의 하
나님이시다. 곧 과거(기억)에 감사해서 에벤에셀이다.

임마누엘의 하나님은 직각直覺에서 하나님이 지금(오늘)도 우리와 함께 하심이다. 이 말은 현재의 삶에 함께해주시는 하나님께 감사해서 지금을 보람 있게, 오늘도 복되게, 지금이 영원을 이룸에 하나님께 감사하는 뜻에서 임마누엘의 하나님이시다. 곧 현재(직각)에 감사해서 임마누엘이다.

여호와 이레의 하나님은 기대期待에서 하나님이 미래(내일)도 우리에게 모든 것을 준비해 주심이다. 이 말은 미래의 삶에 대하여 내일도 하나님께서 함께하여 주심을 믿고 감사해서 내일 일은 난 몰라도 하나님의 준비하심을 믿으며, 미래를 향한 삶을 살아가는 뜻에서 여호와 이레의 하나님이시다.

마치 아브라함이 아들 이삭을 하나님께 드릴 때 이레의 하나님은 이미 번제의 양을 준비해 둠같이 우리의 미래에도 준비해 주심에 곧 미래(기대)에 여호와 이레이다.

샬롬의 인사는 여호와는 나의 평강이라는 뜻이다. 이 샬롬의 인사는 어제도 오늘도 내일도 언제나 시상에 관계없이 사용하는 말이다. 우리 인생의 전 삶속에 여호와의 평강이 함께 하심을 바라면서 서로가 샬롬을 하면서 인사를 한다.

우리는 이와 같은 하나님을 믿으면서 인생길을 살아가고 있다. 그런데도 하나님 앞에서 우리는 자주자주 불평을 하고 안달을 한다.

어린 시절 이웃집에서 떡을 했다며 먹어보라고 가지고 왔다. 떡을 받아든 아버지가 떡 하나를 들고 나에게 물었다. "이 떡으로 내가 너와 나누어 먹어야 하겠다. 그런데 어떻게 나눌까?"

이 질문에 나는 "아버지 마음대로 하세요." 했다. 설마 아버지가 떡 하나를 나에게 다주시겠지 하는 마음에서였다. 그런데 아버지는 떡 하나를 가지고 십분의 일 정도를 나에게 떼어주는 것이다. 나는 너무나 못마땅해서 불평을 하다가 울었다.

그때 아버지는 나에게 이런 말을 하셨다. "내가 너에게 떡을 어떻게 나눌까 물었을 때 네가 내게 내 마음대로 하라고 해놓고 왜 우느냐?" 하시고 떡을 모두 다 주시면서 네 마음대로 먹으라고 했다.

우리는 하나님께 기도를 할 때마다 주님의 뜻대로 하소서 하고 기도를 한다. 하지만 하나님으로부터 자기에게 돌아오는 분깃이 적거나 없으면 곧 변심을 하고 불평을 한다.

우리는 이제 이런 어린 신앙에서 벗어나 살아도 주를 위해 살고 죽어도 주를 위해 죽는 성숙한 신앙에로 살아갔으면 한다. 왜냐하면 우리가 믿는 하나님은 에벤에셀의 하나님, 임마누엘의 하나님, 여호와 이레의 하나님이시기 때문이다.

인간은 늘 미래가 불안하여 하루하루를 벌벌 떨며 살아가고 있다. 목회자들의 모임에 가면 목사님들이 살아온 날의 감사보다는 미래에 대한 장수의 욕망이 더 강한 것을 본다.

이런 우리를 향해서 길이요 진리요 생명 되시는 예수님은 너희는 마음에 근심하지 말라 하시고 하나님을 믿으니 또 나를 믿으라고 명하신다. 그리고 내 아버지 집에는 거할 곳이 많다 하신다.

우리를 위하여 거처를 예비하러 가노니 가서 너희를 위하여 거처를 예비하면 내가 다시 와서 너희를 내게로 영접하여 나 있는 곳에 너희도 있게 하리라고 했다. 주와 같이 살아가는 것 즐거운 일이고 주의 손에 이끌리어 생명길 가는 것이다.

성 아우구스티누스는 우리에게 '과거에 잘한 것 잘못한 것 다 잊으시오. 오늘 우리의 신앙을 굳게 지키시오. 미래 어떻게 될까 염려하지 마시오.'라고 했다. 그 이유는 지금이 은혜 받을 만한 때요, 지금이 구원의 날이기 때문이다.

에벤에셀의 하나님, **임마누엘**의 하나님, **여호와 이레**의 하나님이 날마다 날마다 우리와 함께 하심에 항상 기뻐하고 감사하면서 초연한 마음으로 돌아가 **샬롬**의 인생을 살아갔으면 한다.

아름답게 늙어가기

언제인가 교회 여러 지도자들이 남한산성에 계신 한경직 목사를 찾아가서 대화를 나누고 돌아오면서 자기들을 위한 덕담 한마디를 요구하자 그는 "예수 잘 믿으시오." 그리고 "잘 늙으시오."라고 했단다.

사람이 아름답고 곱게 늙어가자면 과연 어떻게 살아가면 될까? 아름답게 늙어가기 생각나는 대로 이것저것 정리해본다.

잘 늙어가기
종교를 생활화 한다.
감사의 기도로 하루의 시작을 연다.
창문을 열고 아침운동을 한다.
좋은 글 많이 읽고, 항상 글쓰기를 한다.
날마다 걷기하고 샤워를 한다.

시간 관리를 잘한다.
물을 자주 마시고 골고루 먹되 소식을 한다.
충분히 잠을 잔다.
병과 친해진다.

공짜근성, 거지근성을 버린다.

칭찬은 독이요 충고는 약이라고 생각한다.
말을 아끼고 설교(연사)에 초대되면 짧게 한다.
어떤 방법으로든지 남을 도우며 살기로 노력한다.
마음을 곱게 하고 덕을 쌓도록 노력한다.
돈 타령을 하지 아니한다.

자기 나이에 자신을 맞춘다.
많이 웃는다.
옷차림은 가볍게 하고 속옷은 자주 갈아입는다.
부부와 사랑표시를 자주 한다.
아름다운 세상, 여행을 즐긴다.(등산도 가함)

몸을 단정히 하고 항상 화장을 한다.
냄새에 신경을 쓰되 과다한 향수는 하지 아니한다.
다른 사람의 실수를 말하지 아니한다.
자녀에 대한 간섭도, 남의 사생활에 참견도 하지 아니한다.
친구를 자주 만난다.

늙음을 자연스럽게 맞이한다.
늘 감사하고 또 감사한다.
인간답게 죽는 모습(웰－다잉)을 보여주려고 노력한다.
남이 나를 보살펴 주기를 기대하지 아니한다.
이웃을 사랑한다.(욕설은 절대금지)

늙은이라고 무시해도 화를 내지 아니한다.
사람과 마주치면 먼저 길을 비켜준다.
인사는 내가 먼저 한다.
친구와 차를 마시거나 식사를 하면 돈을 먼저 낸다.
집에 있는 자기의 사진, 감사패, 가운은 정리한다.

자기를 배설물로 여긴다.
자서전을 안 쓰면 좋고 쓸 땐 자기자랑은 하지 말아야 한다.
휴지를 아무 데나 버리지 말고, 길에다 침 뱉지 말고, 교통신호를 잘 지
킨다.
버스나 전철 엘리베이터를 탈 때는 새치기를 하지 아니 한다.
약속은 꼭 지킨다.
악천 먹구름 푸른 하늘 덮지 못하니 초연하게 살아간다.

아름답게 늙은 것, 지극히 상식적인 이야기, 모두가 다 아는 이야기이
다. 그런데 알면서도 행함이 없고 할 수 있는 일이면서도 실천이 없이
살아가는 것이 병이다. "당신의 무단횡단 저승의 지름길"이란 현수막
을 보면서도 겁 없이 길을 건넌다.

제발 바울의 이신득의에 야고보의 신행일치가 더해져서
당신이 살아가는 삶의 늙음이 정말 아름다웠으면 한다.
아름답게 늙어가기.
"예수 잘 믿으시오"
"아름답게 늙어 가기" 잘 실천해 보았으면 한다.

좋은 아버지 되기

1983년 10월9일에 미얀마의 수도 양곤에 있는 아웅산 국립묘지에서 북한 공작원이 미리 설치해 놓은 폭탄이 터졌다. 폭발 당시 대통령은 묘소에 도착하기 전이어서 죽음을 면했지만 우리나라 부총리 겸 경제기획원 장관, 외무부 장관과 그리고 많은 인사들이 죽었다. 임진각에 가면 지금도 이들의 추모비를 볼 수가 있다.

우리나라 국군묘지에서 이들의 장례식이 치러질 때 아버지의 죽음을 슬퍼하며 우는 여고생이 있었다. 신문기자가 여고생을 찾아가서 아버지에 대한 소감을 묻자 그는 "나에게 18년 동안 좋은 아버지를 주신 하나님께 감사합니다."라고 했다. 이 말이 오늘 우리의 가슴을 찡하게 한다.

좋은 아버지가 된다고 하는 말은 어떤 삶을 말하는 것일까? 1950년 6월 25일 새벽 북한 공산군이 38선을 넘어 기습적으로 남침을 강행했다. 이 전쟁을 우리는 6·25 전쟁이라고도 하는데 국제적으로는 한국전쟁이라고 불린다. 소련의 지원으로 군사력을 키운 북한이 38°선을 넘어 남침하여 3일 만에 서울을 점령했다.

우리 국군은 북한의 앞선 병력과 무기에 밀려 한 달 만에 낙동강 부근까지 후퇴하였는데 1950년 9월 15일 유엔군이 파병되어 인천상륙작전에 성공하여 서울을 되찾고 우리가 압록강까지 진격했다. 하지만 북한의 요청으로 중공군이 개입하자 다시 서울을 빼앗겼다. 1953년 7월 27일 휴전 협정이 체결될 때까지 전투가 계속되었다.

전쟁당시 나는 아버지와 같이 밤에 잠을 자려고 하는데 전투비행기가 요란한 소리를 내면서 도시의 밤하늘을 빙빙 돌고 있었다. 아마도 폭격을 할 모양이다. 이때 아버지는 나에게 집 밖으로 나가자고 했다. 아버지는 건물 밖으로 나가는 것이 집안에 있는 것보다는 더 안전하다고 생각한 모양이다.

도시의 외곽 넓은 들에서 밤하늘을 지켜보고 있는데 갑자기 비행기에서 기총 사격과 함께 수많은 폭탄이 투하된다. 아버지는 떨어져 있는 나를 재빨리 끌어당기면서 마치 암탉이 병아리를 품듯 나를 부둥켜안고 땅에 엎드렸다.

생각해보면 서로가 떨어져 있어야 살아날 확률이 많을 텐데도 아버지는 나를 품안에 숨겨주었다. 어린 나이에도 아들을 사랑하는 아버지의 존재란 바로 이런 것이구나 하는 생각을 했다.

어떻게 살아가면 좋은 아버지가 될 수 있을까?
좋은 아버지란
자녀들을 위해서 기도를 해야 한다.
자녀들을 위해서 축복을 해야 한다.

자녀들에게 거울이 되어야 한다.
자녀들에게 언행일치를 보여주어야 한다.
자녀들에게 신임을 보여주어야 한다.
자녀들에게 노와 예스를 정확히 해야 한다.
자녀들에게 세상을 바라보게 하는 창문이 되어야 한다.

성서 잠언 3장에서 좋은 아버지는 자녀에게 다음과 같은 자세를 보여 주라고 한다. 자녀를 향해서 스스로 지혜로운 체 하지 말고 여호와를 경외하며 악을 멀리 떠나고 재물과 소산물의 열매로 여호와를 공경하고 여호와의 징계를 경하게 여기지 말고 충고를 싫어하지 말라고 했다.

90이 된 아버지는 60이 된 자기 아들을 보고도 항상 '저 어린 것이, 저 어린 것이' 하면서 늘 아들의 걱정을 한다. 이것이 꼭 좋은 것만은 아니라 해도 아버지가 아들을 향한 사랑의 마음이다.

우리 모두는 참 좋은 아버지의 덕목을 마음에 새기고 실천함으로써 부모에 대한 지탄이 많은 이때 우리 다 같이 좋은 아버지가 되기 위해서 노력하기를 바라는 마음이 간절하다.

아버지가 눈을 감고 세상을 떠날 때
당신의 자녀들이 당신 옆에 앉아서
머리를 숙이고
그 동안 나에게 참 좋은 아버지를 주신 하나님께
감사한다고 하는 간절한 기도가 나왔으면 한다.

쓰리 웰

인생 삶에는 쓰리 웰Three-Well이 있다.
사람답게 사는 웰-빙Well-Being,
사람답게 늙는 웰-에이징Well-Aging,
사람답게 죽는 웰-다잉Well-Dying이다.

웰-빙의 의미는 몸과 마음의 편안함과 행복을 추구하는 태도나 그 행동을 말하는 것이다. 고대광실高臺廣室 집에서 문전옥답門前沃畓 가지고 애인동거愛人同居 하면서 호의호식好衣好食에 심신의 행복을 더한 편안한 인간 삶을 말한다.

웰-에이징의 의미는 좋은 또는 잘의 뜻을 지닌 'well'과 나이 들다의 'aging'을 합친 신조어로써 사람이 건강하게 잘 늙어가는 것을 말한다. 자신이 늙어가는 것을 자연스럽게 받아드리는 이 웰-에이징은 안티-에이징Anti-Aging(노화방지)과는 정반대되는 개념이다. 건강하게 늙어간다는 것은 나이와 같이 인간 삶의 질 자체도 잘 성숙되어 가는 것을 말하는 것이다.

웰-다잉의 의미는 인간이 품위 있고 존엄하게 자기 생을 잘 마감하는 일로써 사람이 사람답게 잘 죽기를 위한 준비를 말한다. 누가 보아도 아무리 생각해보아도 도저히 살아날 여망이 없는데도 불구하고 병원에서 계속 산소 호흡기를 끼고 생명을 연장하는 삶에서 벗어나 고통이 없이 평안히 죽는 죽음을 택하는 말이다.

과거에 살아온 날을 하나님께 감사하고 정리하고 현재에 자기죽음을 거절하지 말고 자연스럽게 잘 맞이하고 미래천국의 소망을 가지고 죽음에 초연함으로 눈을 감는 행위 일체를 말하는 것이다.

넓은 의미에서 웰-다잉은 무의미한 생명연장을 거부하고 깔끔하게 잘 죽는 적극적 개념을 말한다. 우리나라에서는 2009년에 대법원에서 처음으로 존엄사를 인정했지만 아직도 많은 사람들은 어쩔 수 없이 초라하게 죽어가면서도 이 존엄사를 잘 수용하지 않는 것 같다.

현재 우리나라에서는 하루에 사망자수가 약1000명에 이르고 일 년에 약36만 명에 육박한다. 우리는 이들에게 존엄한 죽음을 맞이할 수 있도록 웰-다잉에 대한 많은 연구가 있었으면 한다.

인간에게 있어서 참으로 행복한 삶이란 과연 무엇일까? 유교에서 말하는 행복한 삶 다섯 가지는 수, 부, 강녕, 유호덕, 고종명이라고 하는데, 유호덕과 고종명 대신 귀와 자손중다를 꼽기도 한다.

불교 경전에도 오복의 이야기가 나온다. 현자오복덕경賢者五福德經이라는 경전에서 다섯 가지 복덕을 보면 유교의 오복설과 비슷하다. 장수, 부귀, 건강, 명예, 지식이다.

그리고 잘 살려면 베풀어야 하고, 건강 하려면 방생을 하고, 예뻐지려면 웃고, 존경을 받으려면 남을 존경하고, 총명하려면 부처님의 법을 전해야 한다고 했다.

우리나라 사람들의 행복조건에는 아무런 노력도 없이 장수, 부귀, 건강, 자식, 죽음, 이 5복만을 강조한다. 장수하려면 절제를 해야 하고, 부귀하려면 열심히 일을 해야 하고, 건강하려면 운동을 하고, 자식 복을 가지려면 교육을 시키고, 죽음 복을 가지려면 내세에 대한 소망을 가지고 살아야 한다. 아무런 노력도 없이 바구니에 담는 부富는 물처럼 다 새어 버리고 마는 것이다.

서양 사람들의 행복조건을 보면 노동을 즐겁게 여길 것, 생활에 자족할 것, 어려움과 싸워 이길 만큼 강할 것, 자기 죄를 고백하고 털어버릴 만큼 고상할 것, 일에 좋은 결과가 있을 때까지 인내할 것, 마음이 너그러울 것, 매사에 희망을 가질 것, 이런 것으로 되어 있다.

현대인들이 생각하는 오복으로는 건강한 몸을 가지는 것, 서로가 아끼는 배우자를 가지는 것, 자식에게 손 안 벌려도 살 만큼의 재산을 가지는 것, 생활의 리듬과 삶의 보람을 가질 수 있는 적당한 일거리를 갖는 것, 참된 친구를 가지는 것이라고 했다.

신명기 28장에 기록된 복을 보면 네 몸의 자녀와 네 토지의 소산과 네 짐승의 새끼 등 기초적인 복으로 많은 물질의 복이 기록되어 있고, 시편 1편에는 성숙된 복으로써 여호와의 율법을 즐거워하여 그의 율법을 주야로 묵상하는 자라고 기록되어 있다. 마태복음 5장에서는 영원한 8

복이 기록되어 있다.

'좋은 곳에 살아도 좋은 것을 먹어도 당신의 맘 불편하면 행복이 아닌
거죠 웃고 있는 모습이 행복한 것 같아도 마음속에 걱정은 참 많을 거
예요.'라는 복음 송처럼 행복이란 무엇보다 상대를 깊이 사랑하는 것
이다.

한 중견 탤런트의 이야기이다. 그는 유명 가수와 결혼하여 두 딸의 엄
마가 되었다. 그런데 무슨 일로인지는 몰라도 후에 이혼을 했다. 그는
다시 재혼을 했으나 또다시 이혼을 했다. 행복에 대한 기자의 질문에
그는 인생에 있어서 사랑이 깨어지면 모든 것이 다 없어지는 것이라고
괴로움을 토했다.

사람이 사람답게 사는 웰-빙, 사람답게 늙는 웰-에이징, 사람답게 죽는
웰-다잉, 이 모두는 사랑이 없으면 아무것도 아니고 모두가 불가능한
것이다.

정말 행복이란 무엇일까?

그것은 건강도 재물도 그 무엇도 아니고 오직 사랑이다.
사랑이 있는 곳에 행복이 있다.
웰-빙도, 웰-에이징도, 웰-다잉도 사랑이 해결하는 것이다.
이 세상에서 사랑보다 더 강한 것은 아무것도 없다.
사랑은 죽음보다 강하니까.

꽃노래 들노래

노래에는 여러 종류가 있다. 어떤 노래는 사람의 몸을 움직이고, 어떤 노래는 사람의 마음을 움직이고, 어떤 노래는 사람의 영혼을 움직인다. 다는 아니라 해도 유행가는 몸을, 명곡은 정신을, 찬양은 영혼을 움직인다.

오늘은 성직자의 노래가사 두 편을 생각해본다. 하나는 최민순 신부의 「두메꽃」이고, 다른 하나는 배민수 목사의 「농민가」이다.

천주교 사제인 최민순崔玟順신부가 시 「두메꽃」을 썼다. 이 시에 김베드로 신부가 곡을 붙였다. 이 노래는 듣는 사람으로 하여금 마음에 큰 감동을 준다.

그런데 이 두메꽃이란 특정한 꽃을 말하는 것이 아니고 산속에 홀로 아름답게 피어있는 야생화 모두를 지칭하는 말이다. 이 두메꽃은 누구도 보아주거나 알아주지 않지만 깊은 산 풀 속에서 아름답게 자신을 꽃피운다.

「두메꽃」을 보면

외딸고 높은 산 골짜구니에 살고 싶어라
한 송이 꽃으로 살고 싶어라
벌 나비 그림자 비치지 않은 첩첩산중에
값없는 꽃으로 살고 싶어라
해님만 내님만 보신다면야 평생 이대로
숨어 숨어서 살고 싶어라.

여기 외딸고 높은 산, 골짜구니 첩첩산중이란 과연 어떠한 곳일까?
신구약성서에 기록된 높고 험한 산상에서는 대 사건들이 많이 기록되어 있다.
모리아 산상은 아브라함이 하나님의 명령에 순종하여 아들 이삭을 번제로 드린 산이다. 그는 그것을 실천하여 믿음의 조상이라고 하는 위대한 칭호를 받은 사람이 되었다.

시내산상은 이스라엘 민족의 영도자 모세가 하나님으로부터 십계명을 수여받아 그것으로 이스라엘 민족의 국민윤리로 선포하고 삶의 지침서로 삼았다.

가멜산 산상은 이스라엘의 위대한 예언자 엘리야가 바알숭배자들과 영적인 치열한 싸움에 성공하고 바알 선지자들을 멸했다. 그리고 3년 6개월 동안 비가 내리지 않은 메마른 이스라엘 땅에 비를 내렸다.

갈보리 산상은 예수 그리스도가 피땀 흘려 기도했고, 인간의 속죄를 위해서 십자가에 높이 달려 엘리 엘리 라마 사박다니 하시며 인류의 구원을 완성했다.

높은 산, 첩첩산중이란 이런 곳이다.

이 시에서 작가는 지금은 높은 산 골짜구니나 첩첩산중에 살고 있지 않다. 그러나 절망과 괴로움에서 벗어나 높은 산 골짜구니, 첩첩산중이라는 이상향을 찾아서 살고 싶어 하는 것이다.

그러면서 해님만 내님만 보신다면 값없는 꽃으로 살고 싶어라 하면서 높은 곳을 향하여 가는 삶을 끈질기게 추구하고 있다. 이 삶이 바로 주님만을 향한 신앙의 삶이다. 비록 현실에서 벗어날 수 없으나 그래도 주님을 바라며 오늘도 묵묵히 살아가고자하는 삶의 모습을 보여 준다.

시「두메꽃」이 어쩌면 복잡한 인간 삶속에서 벗어나 은둔의 삶을 그리워하는 것처럼 보이기도 하지만 그래도 그보다는 오직 예수와 같이 인생을 살고파 하는 정신이 매우 짙다. 이 노래는 우리 자신이 불러도 좋지만 남이 부르는 노래를 내가 들어보면 더 감동적이다.

기독교 성직자 배민수裵敏洙목사는 농촌운동가로서 농촌을 진흥시키는 것이 조국을 구하는 길이라 생각하고 농촌운동에 투신해 왔다. 덴마크의 달가스와 그룬드비히가 하나님을 사랑, 가정을 사랑, 땅을 사랑하자며 삼애운동을 한 것처럼 그는 기독교 정신으로 하나님 사랑, 농촌사랑, 노동사랑의 삼애정신으로 농촌을 계몽하고 이 땅에 하나님의 뜻을 실현하려고 노력한 사람이다.

「농민가」를 보면
하나님주신 우리나라 평평옥토가 이 아닌가

높은 데 갈면 밭이 되고 낮은 데 갈면 논이 되네
에헤헤이야 상사디아
여름이 오면 비가 와서 아랫논 윗배미 물대주고
모를 심어 훔쳐놓니 애루화 좋구나 잘도 큰다
에헤헤이야 상사디아
가을이 오면 추수하여 오곡백과를 쌓아놓고
아들딸 삼남매 옹기종기 햅쌀에 콩밥이 맛 좋구나
에헤헤이야 상사디아
풍년이 왔네 풍년이 와 삼천리강산에 풍년이 와
하나님 은혜 감사하여 이렇게 노래를 불러보세
에헤헤이야 상사디아

이 농민가는 하나님께서 우리인간에게 주신 권리 중 가장 고귀한 것은 일하는 것임을 강조한다. 노동을 통해서 부를 창조하고 행복을 추구하는 정신으로 이 노래를 부른다.

이른 비와 늦은 비를 기다리는 농부는 땅에서 나는 귀한 열매를 거두고, 눈물을 흘리며 씨를 뿌리는 자는 기쁨으로 그 곡식 단을 가지고 돌아옴을 강조한다.

나는 이 사람들의 꽃노래와 들노래를 좋아한다. 노래란 들어도 좋고 불러도 좋지만 「두메꽃」 꽃노래는 남이 부를 때 내가 들으면 더 좋고, 「농민가」 들노래는 남이 부를 때 내가 듣는 것보다 내가 직접 부를 때가 더 많은 감동이 있다.
생각해보는 꽃노래, 들노래다.

인생길 신호등

계명의 의미는 어떤 사회나 집단에 속한 사람들이 꼭 지키도록 요구된 규정을 말하고, 약속이란 장래의 일을 미리 정하여 어기지 아니하고 함께 지키기로 다짐하는 것이다. 그리고 결심이라고 하는 것은 어떻게 하겠다고 하는 자신의 뜻을 확실히 정함을 말한다.

이 모든 것은 인간이 세상을 살아가면서 해야 하는 것과 금해야 하는 것으로 신호등과 같아서 곧 인생 삶의 길잡이가 되는 것이다. 집단에 속한 사람들이 요구하는 각종 계명과 약속과 교훈과 결심이 우리생활 속에서 실천화되기를 바라는 마음에서 몇 가지 나열해본다.

불교 십계
살생을 하지 말라(不殺生)
도둑질을 하지 말라(不偸盜)
술을 마시지 말라(不飮酒)
간음을 하지 말라(不邪淫)
말을 함부로 하지 말라(不妄語)
속여서 이득을 취하지 말라(不取得)
길이 아니면 가지 말고, 때가 아니면 먹지 말라(不道食)

권력을 위해 서지 말고 욕심을 위해 앉지 말라(不立坐)
금, 은, 보석을 가지고 다니지 말라(不金銀)
악도 선행도 지나치게 하지 말라(不善惡)

유교 십후회+後悔
부모에게 효도하지 아니하면 사후에 후회 (不孝父母死後悔)
가족과 친하지 아니하면 오랜 후에 후회 (不親家族疏後悔)
젊어서 배우지 아니하면 늙어서 후회 (少不勤學老後悔)
평안할 때 난難을 잊으면 실패한 후에 후회 (安不思難敗後悔)
부할 때 검소하지 아니하면 가난할 때 후회 (富不檢用貧後悔)
봄에 씨를 뿌리지 아니하면 가을에 후회 (春不耕種秋後悔)
담을 고치지 아니하면 도둑맞은 뒤에 후회 (不治垣墻盜後悔)
색을 삼가지 아니하면 병이 든 후에 후회 (色不謹愼病後悔)
취중에 망령된 말을 하면 술이 깬 뒤에 후회 (醉中妄言醒後悔)
손님대접을 아니하면 떠나간 후에 후회 (不接賓客去後悔)

기독교 십계
나(하나님) 만을 섬기라 (인생본분人生本分)
우상을 만들지 말고 숭배하지 말라 (생활자세生活姿勢)
야훼를 망령되이 하지 말라 (경건언행敬虔言行)
안식일을 거룩히 지키라 (시간선용時間善用)
네 부모를 공경하라 (부모공경父母恭敬)
살인하지 말라 (인권존중人權尊重)
간음하지 말라 (정조엄수貞操嚴守)
도적질하지 말라 (공덕공익公德公益)

거짓말하지 말라 (신의처세信義處世)

탐내지 말라 (자기절제自己節制)

삶의 권장 십

노동하기 (삶의 대가) 독서하기 (지혜의 원천)

운동하기 (젊음의 비결) 친절하기 (행복으로 가는 길)

생각하기 (능력의 원천) 사랑하기 (구원자의 특권)

꿈가지기 (대망을 품음) 즐기기 (영혼의 음악)

위하여 살기 (상생의 길) 기도하기 (신의 손을 움직이는 힘)

건강을 위한 권장 십

육식 적게, 채식 많이(少肉多菜) 소금 적게, 식초 많이 (少鹽多酢)

설탕 적게, 과일 많이 (少糖多果) 음식 적게, 저작 많이 (少食多咀)

번뇌 적게, 수면 많이 (少煩多眠) 욕심 적게, 베풂 많이 (少慾多施)

의복 적게, 목욕 많이 (少衣多浴) 차車 적게, 보행 많이 (少車多步)

화禍 적게, 웃음 많이 (少怒多笑) 말言 적게, 행동 많이 (少言多行)

부부가 서로를 향한 약속 십

주는 사랑을 항상 잊지 말 것

관심을 가지고 자기 책임을 다할 것

상대를 존중하고 소중히 여길 것

화를 내지 말 것

상대의 실수를 말하지 말 것

상대를 다른 사람과 비교하지 말 것

분을 품으면 해지기 전에 분을 풀 것

갈등은 인내로 견딜 것
매사에 정직할 것
하나님과의 서약을 파기하지 말 것

아내를 향한 결심 십
범사에 감사할 것
가정의 경제를 일임할 것
생일과 결혼기념일을 기억할 것
외모에 관심을 가져줄 것
상처를 주는 말이나 행동을 삼갈 것
개성과 취미를 존중해 줄 것
장점을 발견하여 기쁨을 줄 것
하는 일에 관심을 보여줄 것
모든 일은 의논하고 결정할 것
불화가 있을 때는 먼저 화해를 청할 것

남편을 향한 결심 십
아름다움과 근면성을 보여줄 것
말할 기회를 줄 것
식성에 신경을 쓸 것
장단점을 다른 사람들에게 말하지 말 것
뜻을 존중하며 중요한 일은 의논하고 결정할 것
대화를 할 땐 기분상태를 잘 참작할 것
분수에 맞는 살림살이를 할 것
하는 일에 인내를 가질 것

장점을 발견하여 긍지를 가지게 할 것
홀로 휴식이 필요할 때가 있음을 알 것

성서에는 행함이 없는 믿음은 죽은 것이라고 했다. 이 말은 실천을 강조하는 말이다. 우리 한국에는 부뚜막의 소금도 집어넣어야 짜다는 속담의 말이 있다.

이 말은 실천이 없는 이론은 무의미하다는 뜻이다. 생각하는 각종 십계와 교훈과 결심들, 실천이 없으면 비 없는 구름이요 열매 없는 무화과나무와 같다.

이 모두가 여러분의 인생 삶에 신호등이 되기를 바라는 마음이 간절하다.

레미제라블

1802년 프랑스에서 태어나 어린 시절부터 시적재능에 뛰어난 빅토르 위고는 프랑스의 극작가이다. 그는 낭만주의의 거장이며 자유주의적이고 인도주의적인 경향을 가지고 풍부한 상상력과 화려한 문체로 1862년에 걸작 『레미제라블』(불쌍한 사람들이란 뜻)을 썼다. 우리나라에서는 장발장이라는 이름으로 번역이 되었다.

빵 한 조각을 훔친 죄로 5년의 징역형을 받은 장발장은 옥중에서 두 번이나 탈옥을 시도하다 실패하여 형기가 19년으로 늘어나고 1815년 그가 46세가 되던 해에 겨우 석방이 되었다. 갈 곳 없는 이 장발장을 미리엘 주교가 손님으로 맞이했다.

그런데 장발장은 그날 밤 도심盜心을 이겨내지 못하고 주교의 집 은그릇들을 훔쳐서 달아났다. 헌병에게 붙들려 다시 미리엘 주교에게 왔을 때 미리엘 주교는 또다시 장발장을 자유의 몸이 되도록 도와준다.

그런데 한 인간의 범죄에 대해서 그가 새로운 사람이 되게 하는 길은 정의와 법을 주장하는 자베르 경감처럼 디케(정의의 여신)의 정신에 설 수도 있고, 엄격한 법규를 통한 무거운 형벌보다는 예수 그리스도의 과감한 용서와 사랑을 역설하는 미리엘 주교 편에 설 수도 있다는 사실이다.

이 둘은 마치 동전의 양면같이 보이지만 작가 빅토르 위고는 미리엘 주교를 통해서 이런 혼란한 세상에서도 사랑과 정의와 관용이 존재한다며, 이 힘이야말로 세상과 사람을 구원하는 길임을 강조하는 것이다.

빅토르 위고는 정의와 법을 주장하는 자베르 경감편이 아니고, 도둑이라도 회개하고 변화되면 끝까지 가난한 사람들의 편에 서서 사랑과 선을 행하며 인생을 살아갈 수 있다고 주장하는 미리엘 주교의 손을 들어주었다.

마음의 변화와 죄의 용서 속에서 장발장은 후에 날개 없는 천사의 모습으로 변신하여 남을 위하여 헌신하며 살아가는 사람으로 변했다. 인간이 누군가를 위해서 생을 살다가 죽으면 하나님은 인간의 운명을 인간 자신들로부터 더 잘 알고 계신다고 했다.

그리고 인간이 인간답게 살다 죽을 때 인간 자기는 편히 쉴 수 있다는 것이다. 용서받은 장발장의 삶은 내 이웃을 내 몸과 같이 사랑하라는 예수님처럼 살아갔다.

이 『레미제라블』은 선한 장발장이 악한 장발장을 이기는 선과 악의 싸움이다. 여기에는 장발장의 용감한 정신적 승리를 생생하게 잘 설명하고 있다.

인간의 삶은 늘 마음속에 두 자아의 싸움이 벌어지고 있다.
성서 갈라디아서 5장에 보면 인간의 두 속성을 잘 기록하고 있다.

육체의 소욕
남녀관계의 소욕, 음행과 더러운 것과 호색
미신행위의 소욕, 우상 숭배와 술수
이기행위의 소욕, 원수를 맺는 것, 분쟁과 시기와 분 냄
교회에 해가 되는 소욕, 당 짓는 것, 분리함과 이단
자신에게 피해를 주는 소욕, 투기와 술 취함과 방탕함
이런 사람은 하나님의 나라를 유업으로 받지 못한다고 했다.

성령의 소욕
하나님의 소욕, 사랑과 희락과 화평
예수님의 소욕, 인내와 자비와 양선
성령님의 소욕, 충성과 온유와 절제
이 같은 소욕은 금지할 법이 없다고 했다.

이 육체의 소욕과 성령의 소욕이 늘 우리 인간의 마음속에서 싸우는 것이다. 우리인간의 마음은 선과 악의 싸움터이다. 우리의 마음속에는 두 자아의 싸움이 늘 벌어지고 있는 것이다.

용감한 나와 비천한 나, 의로운 나와 불의한 나
너그러운 나와 옹졸한 나, 부지런한 나와 게으른 나
의로운 나와 불의의 나가 항상 싸움을 하고 있다.

인간의 삶은 투쟁이다. 인간이 싸움을 원하지 않지만 인간 삶에는 늘 악과 선의 따른다. 자유를 위한 싸움과 정의를 위한 싸움을 싸워야 하고 또 승리해야 한다. 이 싸움에서 내가 진다고 하는 말은 곧 내가 노예로 죽는다는 것을 의미하는 것이다.

그리고 이 싸움은 자기와 자기와의 싸움이다. 내가 나와 싸우는 가장 중요한 싸움이다. 빅토르 위고는 이 싸움을 그리기 위하여 이 유명한 『레미제라블』을 썼다.

철학자 플라톤은 인간의 최대승리는 내가 내 자신을 이기는 것이라고 했는데 우리 모두는 이 육체의 소욕과 성령의 소욕의 투쟁에서 이겨 승리하는 인간 삶을 살아갔으면 한다.

부름 받아 나선 이 몸

오늘날 교회에서 임직식을 할 때나 신학교 입학식이나 졸업식에 가보면 마지막 결단의 찬송으로 자주 「부름 받아 나선 이 몸」이란 찬송을 많이 부른다. 이 가사 내용을 보면 매우 전투적이고 헌신적이고 사명의식이 뚜렷해서 부르는 사람이나 듣는 사람들이 다 같이 많은 감동을 받는다.

그런데 문제는 이와 같이 은혜로운 찬송을 모두가 가슴에 넘치는 확신과 사명감에 불타서 기운차게 잘 불렀는데 그 후 자기들의 삶과는 너무나 다른 데 문제가 있다.

이 찬송가 2절에 보면 아골 골짝 빈들에도 복음 들고 가오리다 라고 했다. 그런데 이 아골 골짝 빈들이 과연 어떤 곳인가를 우리는 잘 알아야 한다.

아골 골짝은 불순종의 장소로써 해골의 뜻을 가지고 있다. 여호수아 7장1절에 나오는 말이다. 이 아골 골짜기는 범죄한 아간이 처참히 처형을 당한 곳으로 무섭고 떨리는 장소다.

여호수아 장군이 가나안 땅에 들어갈 때 수많은 전투에서 백전백승 하였는데 아이 성 전투에서는 패하고 말았다. 그 원인을 하나님께 물었을 때 하나님은 아간의 부정에 있다고 했다.

그 부정은 시날산의 외투 한 벌과 은 이백 세겔과 금덩이를 훔친 것이다. 이 죄로 인해서 아간은 아골 골짜기에서 돌에 맞아죽었고 그 시체는 불살라졌다.

범죄자 아간이 죽은 이곳을 우리는 아골 골짜기라고 부르는데 신약성서에도 해골의 뜻을 가진 장소가 있다. 곧 "굴굴타"이다. 굴굴타라는 이 아람어는 두개골, 곧 해골의 뜻으로 갈보리란 말이다.

그 이름의 유래는 언덕의 지형이 두개골과 비슷하기 때문이라고도 하고, 옛 아간이 죽은 아골 골짜기라고 생각하는 사람도 있다. 예루살렘에 있는 해골 모양의 언덕으로써 예수 그리스도가 십자가를 지고 이 언덕에 와서 십자가에 달려 죽었다.

다시 말하면 아간이 죽은 아골 골짜기는 오늘의 내가 내 죄로 인해서 가서 죽어야 할 골짜기이고, 갈보리 골고다는 주님께서 내 죄를 대신해서 십자가에서 죽으신 곳이다. 그래서 우리가 이 찬송을 부를 때에는 비장한 각오로 그 의미를 잘 알고 제대로 불러야 한다.

많은 신학생들이 가슴에 벅찬 확신을 가지고 자기의 갈 길이 멀고 험해도 주님만 따라간다면서 찬송하고 학교에 입학을 하여 열심히 학문을 했다. 그런데 3년이 지난 후에 졸업을 하면서 생각들이 달라진 것이다.

처음 신학을 시작할 때는 아골 골짝 빈들에도 복음 들고 찾아가고 소돔 같은 거리에도 사랑 안고 찾아간다고 소리 높여 찬양했지만 막상 졸업을 할 때는 모두가 마음이 변한 것이다.

시골보단 도시로 작은 교회보다는 큰 교회로 후생비는 많은 곳으로 교통은 좋은 곳으로 가야겠다고 생각하는 것이다. 그리고 내가 대학을 졸업하고 신학을 3년이나 했는데 산골이나 도서지방으로 갈 수는 없다고 생각한다.

죄로 인해서 죽어야할 내가 예수의 공로로 살게 되었다는 사실을 안다면 마땅히 내가 아골 골짝 빈들이라도 가야만 하는데 이제 마음이 변한 것이다. 내가 이제 살아도 주 위해 살고 내가 이제 죽어도 주 위해 죽는다는 각오는 멀리멀리 사라졌다.

사도 바울은 길리기아 다소에서 났고 가말리엘의 문하에서 교육을 받았다. 베냐민 지파요, 율법의 의로는 흠이 없는 자라고 했다. 그럼에도 불구하고 그는 높아지지 아니하고 낮아지며 예루살렘이 아닌 이방인의 사도로 나갔다. 그는 장막을 치는 생활을 하면서 누구에게도 폐를 끼친 일이 없다고도 했다.

옛날 우리나라 이일선 목사는 서울의대와 신학교를 졸업하고 의사로서 목사가 되었다. 그리고 아프리카 가봉에 가서 슈바이처 박사에게 수련도 받은 그는 화려한 도시교회를 사임하고 경상도 울릉도에 가서 환자의 치유와 인간구령을 위해서 자기의 생을 헌신한 사람이다.

이런 사람들이 바로 아골 골짜기와 골고다의 의미를 바로 이해하는 사람이다. 앞서도 말했지만 아골 골짜기는 내가 내 죄로 인해서 내가 죽어야 할 골짜기이고, 갈보리 골고다는 주님께서 내 죄를 대신해서 예수님이 십자가에 달려서 죽으신 곳이다.

그래서 우리는 그 은혜가 너무 감사하여 괴로우나 즐거우나 주님 따라가고, 지닌 것도 아낌없이 드리고, 이름 없이 빛도 없이 가겠다고 다짐하는 것이다.

오늘 우리도 이것이 내가 갈 길이요 진리요 생명이라고 고백한다면 하나님의 종으로 부름 받아 나선 하나님의 종이 된 우리는 어디든지 가야만 하는 것이 아니겠는가 하는 생각이 든다.

요즘은 교단마다 무임목사님들도 많이 있다. 그럼에도 불구하고 해마다 많은 신학생들이 배출되고 목사의 합격자 수도 수천 명에 이른다. 그리고 모두는 갈 곳이 없다고 한탄을 한다.

그런데 그것은 가야할 골고다를 가지 아니하고 예루살렘을 가려고 하기 때문이다. 속죄의 감격과 사명감에 불타 눈물을 흘리면서 목청 높여 부르던 찬송대로 아낌없이 드리고, 죽어도 가고, 감사하며 간다면 아직도 내 집근처 다니면서 건질 죄인 많으니 부름 받아 나선 하나님의 거룩한 종들이 되었으면 한다.

죽음만이 자유의지라고 했던 쇼펜하우어가 여든이 넘도록 천수를 누리고, 자녀교육 지침서 『에밀』을 쓴 루소가 자기자식 다섯을 고아원에

맡겼다고 하는데 이런 언행 불일치를 우리가 하나하나 설명하기란 참
으로 어렵다.

하지만 하나님의 부름을 받아 그리스도의 종이 된 우리는 자기를 필요
로 하는 곳이 있다면 예루살렘 아닌 이방도, 도시 아닌 오지도 부름 받
아 나선 종들 시험환난 근심걱정 모두 주께 맡기고 마다하지 말고 갔으
면 한다.

왜냐하면 우리는 부름 받아 나선 종들이고 강요가 아니고 자기 자신이
아멘으로 수락했기 때문이다.

선진국민의 자세

우리나라는 1996년 12월 12일에 29번째로 OECD정회원국으로 가입을 했다. 선진국에 가입하는 것은 좋으나 문제는 국민의 정서가 그 수준에서 살고 있느냐가 문제이다. 국민수준이 어느 정도면 OECD에 따라 갈 수 있을까?

사람은 됨됨의 정도에 따라서 여러 종류의 사람들로 구분된다. 철학자 안병욱 교수는 『철학의 즐거움』에서 인간 삶의 질을 5가지로 구분을 했다.

제1은 악질인이다. 악질적인 인간은 사람을 죽이고, 강간을 하고, 강도 짓을 하며, 방화도 하고, 유괴를 하면서도 반성이 없는 인간을 칭하는 말이다. 죄질이 아주 나쁜 사람들로서 이들은 최하위급의 인간들이다.

제2는 저질인이다. 저질적인 인간은 사기를 치는 사기꾼, 남을 속이는 속임인, 배신행위를 하는 배신인, 음란하고 방탕하고 추잡하고 비열한 행동을 하는 사람들로서 우리는 이들을 저질인이라고 부른다.

제3은 범질인이다. 범질인은 보통사람으로서 일반서민들 평민들, 일반

중생을 말한다. 청찬할 일도 별로 없고 욕하거나 벌할 이유도 별로 없는 사람들이다. 내 이웃에 대한 관심도 별로 없고 자기 것을 자기가 먹고사는 사람들이다. 그저 그런 사람들이다.

제4는 양질인이다. 양질인은 사회 연대의 책임을 지고 법질서를 잘 지키며 예절이 바르고 교양이 있다. 매사에 친절하고 협동심이 강하고 책임감이 있으며 양보심과 봉사심이 강한 사람으로서 모든 사람의 모범이 되는 사람을 말한다. 인간이 본받을 만한 사람을 칭하는 말이다.

제5는 특질인이다. 특질인의 사람은 범질인, 양질인을 훨씬 뛰어넘어 우리가 흔히들 말하는 성인으로서 곧 예수, 석가, 공자 또는 소크라테스와 같은 사람들을 지칭하는 말이다. 이런 사람들을 우리는 특질인이라고 부른다.

그런데 선진국이 되려면 국민의 수준이 다는 아니라 해도 평균 범질인 이상이 되어야 한다. 금지라고 하는 간판 밑에서는 자기행동을 삼가야 하고, 길을 가며 침을 뱉거나 휴지를 버리거나 교통법규를 범하거나 새치기를 하면 안 된다.

최소한 무슨 일을 하든지 주인의식을 가져야 하고 정직해야 하며 자기의 의무와 책임감에 살아가는 국민이 될 때 선진국은 가능한 것이다. 곧 인간이 최소한 상식선에서 살아가야 하는 것이다.

뿐만 아니라 문화인의 기본덕목인 약속을 잘 지켜야 하고, 모든 일에는 질서를 지켜야 하고, 망국병이라고 하는 과소비에서 분수를 지키고, 말에는 책임을 지고, 군자가 아니라 해도 예절을 지킬 줄 알아야 민주 시민이 되고 선진국이 되는 것이다.

인간 삶의 자세는 할 수 있다는 자신감, 돕는다는 봉사성, 하겠다는 헌신성, 고치겠다는 겸손성, 고맙다는 감사성을 가지고 살아야 한다. '사람이 사람이면 사람이냐? 사람이 사람이라야 사람이다.'라고 하는 평범한 진리처럼 경제의 성장도 중요하지만 인간이 이러한 정신적 자세를 갖출 때 참 선진국이 되는 것이다.

왜냐하면 사람은 사람으로서 갖추어야 할 최소한의 기대치가 되는 자질이나 덕목이 있어야 하기 때문이다.

마음을 다스리는 십훈+訓에도 보면 먼저 인간이 되라고 했는데, 여기 인간이라고 하는 말은 인간의 생김새 형태From를 말하는 것이 아니고 인간의 본질Substance을 말하는 것이다.

신약 성서에는 사마리아 도상에서 강도 만난 자의 비유가 있다. 제사장과 레위인은 유대종교 우두머리로서 제례를 주관하던 사람들인데도 불구하고 모두가 강도 만난 자를 피하여 지나갔지만 사마리아 사람만이 사람다움의 일을 했다고 예수님은 칭찬을 했다. 이 사마리아인의 자세가 민주시민의 양심이고 선진국민의 도리인 것이다.

오늘날 정치 경제 종교 문화 사회 속에서 우리의 지도자라고 하는 사람들이 내 이웃을 등쳐먹고 사는 사람들이 많이 있다. 그러면서도 정치가요 법조인이며 교육가요 종교가라고 자처한다. 자기도취에 살아가고 있는 것이다. 이런 사람들이 사마리아 사람같이 변화되지 아니하면 이 나라는 선진국에서 멀리 있다는 사실을 알아야 한다.

얼핏 하면 국민의 이름을 팔고, 책임을 지지 아니 하려고 여론몰이를 한다. 국민은 굶어죽어도 세비만은 매년마다 인상을 하고 잘도 수령한다. 명절이 되면 상여금은 꼭꼭 받는다. 이상스러운 표창장도 돈으로 사서 자랑을 한다. 이들은 제사장이나 레위인은 될망정 선한 사마리아 사람에서는 멀리멀리에 있는 사람들이다.

'내가 무엇을 하여야 영생을 얻겠습니까?'라고 묻는 율법사를 향해서 예수님은 사마리아 사람같이 가서 너도 이와 같이 하라고 했다.
이제 우리 모두 사마리아 사람같이 살아갔으면 한다. 이것이 선진국으로 가는 지름길이다.

절로 된 독립운동가

독립운동가라 함은 나라의 독립을 이룩하기 위해서 힘쓰는 사람을 칭하는 말이다. 1910년 일제에 의해 식민지가 시작된 후에 우리 민족은 일제로부터 독립을 하기 위해서 민족해방운동을 주장하게 되었다.

이것은 기존의 조선이 아닌 새로운 근대국가를 수립하기 위한 방향으로 전개되었고, 특히 3·1운동이후 1920년대에는 근대국가 수립이라는 목표가 뚜렷해졌다.

독립 운동가라 함은 나라를 위해서 몸과 마음과 가진 모든 자산을 아낌없이 애국을 위해서 헌신과 헌물을 한 사람들을 칭하고, 독립운동가라고 칭하는 그 한계는 국민의 공감대에서 이루어지는 것이다.

누가 아무도 알아주지 아니하는데 자기 혼자서 스스로 자기를 독립운동가로 봐달라는 것은 참으로 어리석은 일이고, 누가 보아도 독립운동가라고는 볼 수 없는데도 불구하고 독립운동가로 여겨달라고 진정을 하는 것도 우스운 일이다.

오늘은 독립운동 한 적 없이 독립운동가가 된 이야기를 하고 싶다. 우리나라의 경부선 철도는 일제강점기에 일본이 대륙침략정책을 수행하려는 목적으로 계획되었다.

이런 목적으로 부설했기 때문에 공사 진행시 우리나라 관민의 저항과 반대가 심했지만 러일 전쟁이 임박하자 일본은 군대를 신속하게 이동하기 위해서 무리하게 이 공사를 강행했다.

이 경부선 역 근처 마을에 사는 어린 아이들이 학교를 오고가다 철길 옆에서 작은 돌을 주워서 공기놀이를 했다. 공기놀이를 다 하고난 후에 아이들은 그 공깃돌을 아무생각 없이 철길 위에다 두고 일어서는데 이때 일본인 역장이 순찰을 하는 중 이 아이들을 보고 "이－놈들! 거기서 무엇을 하나?" 하고 고함을 쳤다.

이때 공기놀이를 하던 아이들은 겁에 질려 모두가 다 재빨리 도망을 갔는데 뒤에서 지켜만 보고 있던 한 아이는 멍청이 서 있다가 그만 역장에게 붙들리고 말았다.

역장은 이 아이를 일본 경찰에게 넘겼다. 넘기면서 이 아이가 일본 군인을 싣고 부산에서 서울로 올라가는 열차를 전복시키려고 큰 바윗돌 다섯 개를 철길 위에 올려놓았다고 했다. 그리고 "열차전복을 기안起案한 어린 독립운동가"라고 죄명을 씌웠다.

이 당시에 일본인들은 자기들이 한 일에 많은 실적을 올려야 승진도 하고 영전을 하기 때문에 별일 아닌 것도 큰 사건이나 난 것처럼 꾸며서 위장상서僞裝上書을 하는 것이다. 그래서 공깃돌 5개가 바윗돌 5개로 변한 것이다. 마치 거미줄에 바윗돌을 달았다는 거짓말이나 마찬가지다.

잘 알지도 못하는 친구들의 뒷전에서 공기놀이 구경만을 하고 서 있던 이 어린이는 '어린독립군'이라는 죄명으로 7년형을 받고 감옥살이를 했다. 그 후 해방과 함께 자유의 몸이 된 그는 고향으로 돌아와서 농사일을 하며 살아갔다.

오랜 세월이 지났다. 흐르는 세월 속에서 8·15광복과 더불어 6·25전쟁도 겪고 이승만 독재 타도를 위한 4·19민주화혁명과 5·16군사혁명을 거쳐서 이 나라는 민주화의 세계로 접어들었다.

그리고 그 후 김영삼 정부의 역사 바로 세우기, 김대중과 노무현 정부의 과거사 정리가 본격화되었다. 그 재평가 대상은 해방 이후 이념 대립에서 빚어진 제주 4·3사건부터 시작하여 90년대 초 남한사회주의 노동자동맹사건까지 정말 긴 세월에 다양한 사건들이었다.

그러던 어느 날 역사전공의 노교수가 7년 동안 감옥에 있다가 자유의 몸이 된 이 노인을 찾아왔다. 자기는 역사 바로 세우기 운동에 몸담고 있는 사람이라고 소개하고, 여러 가지 재판기록을 조사해 보다가 어린 독립 운동가를 찾았다면서 이 이노里老를 찾아 온 것이다.

그리고 이 이노里老를 독립운동가라고 높이 치켜세우면서 칭찬도 하고 독립 유공자 연금 대상자로 추천도 하고, 또 그 자녀들에게는 유공자 특혜도 주도록 했다.

독립운동을 한 적도 없고, 독립운동을 할 마음도 없고, 독립운동이 무엇인지도 모르는 이 사람이 어린 시절 공기놀이를 하는 친구들 뒷전에서 무심히 서 있다가 재수 없게 역장에게 붙들려서 경찰에게 넘겨져 7년의 형을 받아 감옥살이를 했는데, 이 이노里老는 이제 갑자기 독립운동가로 변신이 되었다.

요즘 우리나라에서는 독립운동을 했다면서 이름을 잘 알 수 없는 많은 사람들이 여기저기에서 추천되고 있다. 무엇을 어떻게 어떤 방식으로 독립운동을 했는지는 몰라도 별것도 아니면서 큰일이나 한 것처럼 이름 앞에 많은 형용사들을 붙이고 독립운동가라 추천을 한다.

말처럼 유명 했으면 좋으련만 뚝배기보고 장맛이 아니고 빛 좋은 개살구가 많다. 독립 운동가는 국민의 공감대에서 인정되는 것이지 해달라고 떼를 써서 되는 것은 결코 아니다.

1960년 4월 19일은 대한민국사의 길이 남을 대사건의 날이다. 이 날에 많은 학생들은 길거리로 나와서 독재 이승만 정권을 몰아내기 위한 시위를 했다. 이승만 정권은 시위대를 향해 발포를 하였으며, 120명이 넘는 소중한 대한민국의 학생과 시민이 생명을 잃었다.

이때 시골에서 올라온 한 대학생이 길을 가다 데모대에 밀려 넘어져 무릎에 경한 상처를 입었다. 그는 시골 고향으로 내려가서 무릎에다 붉은 소독제를 과다하게 바르고 붕대로 다리를 칭칭 감고 목발을 짚고 다녔다.

그러면서 자기도 독재정권에 항의하다 다리를 다쳤다면서 자랑을 했다. 그러나 그의 성향을 잘 아는 동리 사람들은 그 어느 누구도 그를 의거 학생으로 보는 사람은 아무도 없었다.

우리나라의 안중근, 안창호, 이봉창, 이준 열사를 비롯한 많은 독립운동가들과 민족대표 33인은 그들이 독립운동가라고 자기를 알아달라고 해서 오늘 우리가 그들을 기억하는 것은 결코 아니다. 국민의 공감대가 이뤄져 우리마음에 새겨지는 인물들인 것이다. 국민의 마음에 새겨지지 않는 사람은 독립운동가가 아니다.

언제인가 미 의회에서는 미국의 초대 대통령 워싱턴을 5성 장군으로 추서하려다가 그만둔 일이 있었다. 그 이유는 워싱턴을 5성 장군으로 추서해 준다고 해서 기뻐할 워싱턴이 아니고 워싱턴은 워싱턴 그 자체로서 족하다고 판단했기 때문이다.

그런데 우리나라에서는 독립운동가 유관순열사의 서훈을 기존의 3등급에서 1등급 건국훈장 대한민국장을 추서하기로 의결했다고 한다. 그러나 학계 일각에서는 형평성 문제도 있고 또 다른 독립유공자들에게는 어떻게 하나 하는 문제도 있어서 난색을 표하는 사람도 많다.

그런데 문제는 유관순열사에게 오늘 우리가 훈장을 승급해 준다고 해도 그것을 유관순열사가 좋아할까도 한번 생각을 해봐야 하는 것이다. 아마도 유관순열사는 자기에게 훈장을 승급해주는 것보다는 오늘 우리로 하여금 당신도 독립투사의 정신으로 이 나라를 지키고 사랑하면서 헌신적인 삶을 살아가기를 더 원할 것이다.

그리고 유관순열사 승급의 속셈은 다른 데 있는 지도 모른다. 그를 승급시켜놓고 그 후에 또 자기들의 근친자로 하여금 독립운동을 했다며 독립운동유공자로 승급시키고자하는 꼼수 말이다.

현대를 살아가는 많은 사람들이 실존의 자기 자신보다 자신을 더 높이 보이려고 자기이름자 앞에 많은 칭호들을 붙인다. 그것은 마치 뱀 앞에서 개구리가 몸 안에 바람을 잔뜩 머금고 위기를 면해보려는 것과 같은 어리석은 짓이다. 아무리 그래도 뱀은 결코 그 개구리를 놓치지 아니한다. 제발 자기실존의 모습 그대로 살아갔으면 한다.

독립운동 한 적 없는 절로 된 독립운동가의 씁쓸한 이야기이다.

삶의 변화가 이름을 바꾼다

옛날 양羊 도둑에 관한 두 형제의 이야기가 있다. 남의 양을 훔친 죄로 두 형제는 이마에 양 도둑Sheep Thief이라는 S.T.의 화인火印을 맞아야 했다. 그들이 화인을 맞고 보니 모멸감을 견딜 수가 없었다.

그래서 형제 중 하나가 말을 했다. "우리가 이 고장을 떠나 먼 타향에 가서 살자." 이 제안에 다른 형제는 고향을 떠나는 것은 아무런 의미가 없다며 거절을 했다.

그래서 한 형제는 고향에 그대로 남고 다른 한 형제는 고향을 떠나 멀고 먼 타향에 가서 살았다. 그런데 문제는 고향을 떠난 이 사람이 타향에 가서 살아도 그곳 사람들이 당신의 이마에 있는 S.T.가 무슨 뜻인가? 하고 묻는 바람에 견딜 수가 없었다.

이곳저곳을 전전해 가며 살아보아도 별 수가 없었다. 그래서 결국 그는 괴로움을 견디다 못해서 스스로 자결을 하고 말았다.

그런데 고향에 사는 형제는 이런 생각을 했다. 내가 양을 훔친 사실은 내가 다른 곳으로 이사를 간다고 해서 문제가 해결되는 것이 아니고 내 삶의 변화가 내 이름을 바꾸는 것이라고 생각을 했다.

흐르는 세월 속에서 날이 가고 달이 가고 해가 지났다. 이제는 이 사람도 이노里老로 변했다. 이 동리를 지나가는 사람들이 동민에게 물었다. "저 노인의 이마에 S.T.가 있는데 저 S.T.가 무슨 뜻인가요?"

이 질문에 동리의 젊은 세대들은 말한다. "글쎄요. 그분의 삶을 보면 매우 헌신적이고 이웃을 사랑하고 모범적인 삶을 사는 것을 보면 아마도 그것은 성자Saint의 준말 S.T.인가 봅니다."

인간 삶의 변화가 이름을 바꾼다. 성서에는 이렇게 기록했다. 여호와를 기뻐하라 저가 네 마음의 소원을 이루어 주시리라. 선한 마음을 가지고 살면 선한 행동으로 나타나고 악한 마음을 가지고 살면 악한 행동으로 나타난다.

마음의 변화에서 죄의 용서 그리고 하나님의 축복이 임하는 것이다. 성서는 우리 모두가 죄인이라고 했다. 바울은 모든 사람이 죄를 범하였으매 하나님의 영광에 이르지 못한다는 것이다.

죄인이란 어떤 사람을 말하는가? 성서에서 말하는 죄는 계명을 어기며 살아가는 사람이다. 그리고 하나님의 독자 예수 그리스도를 믿지 않고 살아가는 사람들이다.

죄는 흉악한 마귀에게서 나오고, 사람의 마음속에서 나오고, 하나님의 말씀을 불순종 하는 데서 나오는 것이다. 그리고 이 죄의 성질은 병과 같아서 이 병을 치유하지 못하면 죽고, 빚과 같아서 이 빚을 갚지 못하면 괴로워 견딜 수가 없으며, 법과 같아서 이 법을 범하면 그물에 걸린 새처럼 멀리 도망을 칠 수가 없다.

이 무서운 죄에서 인간이 벗어나는 길은 수고하고 무거운 짐 진 자들아 다 내게로 오라 내가 너희를 쉬게 하리라는 예수 그리스도의 초청에 응하는 것이다. 누구든지 주의 이름을 부르는 자는 구원을 받으리라고 했다. 곧 예수 그리스도를 믿어야 한다.

여러분! 여러분은 여기 양을 훔친 사람이 누구라고 생각하는가? 오늘날 이 나라의 일군을 뽑는다며 장관이나 대법관후보자들의 청문회하는 것을 본다든가 재벌 2세들의 마약투여와 성문란들을 보면 그들은 어디에서 무슨 돈으로 그 많은 땅을 사고 어디에서 그 많은 돈을 모아서 쓰는지 우리는 이해할 수가 없다.

질문자들이 왜 이런 사람을 후보자로 선택 했는가? 라는 질문에 답변자의 말이 기똥차다. 많은 후보자 중에서 제일 좋은 후보자를 선택했다는 것이다.

자기들은 모두가 절대로 부정을 안 했다고 하는데 청취자들은 모두가 그들을 양 도둑이라고 부른다. 이제 이들은 양 도둑 형제들을 보면서 스스로 죽든지 아니면 삶의 변화를 통해서 그 이름을 바꾸든지 해야 한다.

양을 훔치고 자기 고향을 떠나 멀리 멀리 가서 살다가 괴로움을 참다못해 자결한 사람은 그래도 일말의 양심이 있는 사람이다. 그리고 동리에 머물면서 마음의 변화를 꿈꾸는 형제는 너무나 훌륭하다. 오늘 우리사회는 남을 등쳐먹고 살아가면서도 괴로워함도 없고 반성이 없는 것이다.

어쩌면 여기 양 도둑은 오늘 우리 모두의 삶이다. 양 도둑 같은 오늘 우리는 이제 변화를 받아야 한다. 바울은 우리에게 너희는 이 세대를 본받지 말고 오직 마음을 새롭게 함으로 변화를 받아 하나님의 선하시고 기뻐하시고 온전하신 뜻이 무엇인지를 분별하라고 했다.

오늘 우리가 우리의 이마에 맞은 화인火印 양 도둑Sheep Thief S.T.가 성자Saint S.T.로 변화되는 길은 예수 그리스도를 믿고 변화를 받아 하나님의 선하시고 기뻐하시고 온전하신 뜻이 무엇인지 분별하며 살아가는 데 있는 것이다.

당신의 삶의 변화가
양 도둑Sheep Thief S.T.가 성자Saint S.T.로 바뀌진다.

삶의 보람

야고보 선생은 우리의 생명을 잠깐 보이다가 없어지는 안개라고 표현했다. 안개와 같은 인생이 살면 얼마나 사는가? 아침 해 솟아나면 쉬 사라지는데 생의 성공과 실패란 무엇이며 안개와 같은 인생을 우리는 어떻게 살아가야 하겠는가?

인생 삶의 성공을 다음과 같이 생각하는 사람들이 있다.
돈 많은 부모를 둔 10대 / 명문대학을 다니는 20대
대기업의 간부로 있는 30대 / 식후에 2차를 갈 수 있는 40대
공부를 잘하는 자녀가 있는 50대 / 직장에 계속 근무하고 있는 60대
병 없이 사는 건강한 70대 / 본처가 살아 있는 80대
지인에게 전화가 걸려오는 90대 / 아침에 일어나 눈을 뜨는 100대

이 사람들의 삶의 성공은 모두 물질과 명예와 돈과 건강으로 되어 있다. 그런데 과연 이런 사람들이 정말 성공한 사람이고 행복한 사람일까? 사실 인생 삶의 성공은 부나 장수에 있는 것이 아니고 삶의 의미와 그 목적에 있는 것이다.

인간의 삶은 나이가 문제가 아니고 열정이다. 우리는 할 수 있다는 자

신감, 스스로 해보려는 노력과 결심을 가지고 젊은 마음으로 살아가면서 삶의 시간이라고 하는 그릇에 진리의 만나를 많이 채우는 사람이 되어야 한다.

그리스에 가면 "기회"라고 불리는 동상이 있다. 이 동상을 보면 머리 앞쪽에는 사자머리와 같이 수많은 털이 있는 데 반해 머리뒤쪽에는 대머리로 되어 있다. 인간이 다가 올 시간은 손을 뻗어 잡을 수가 있지만 흘러간 시간은 절대로 잡을 수가 없다는 의미다. 기회는 앞에서 올 때 잡으라는 것이다.

헬라어에는 시간을 지칭하는 두 가지 단어가 있다. 하나는 크로노스 Kronos이고 다른 하나는 카이로스Kairos이다. 전자는 흘러간 시간이고 후자는 다가오는 지금의 시간이다. 우리는 지금을 잡아야 한다.

나에게 의미 있는 시간은 지금인 것이다. 우리는 이 지금이라고 하는 시간에 눈으로 보고 귀로 듣고 피부로 느끼고 마음으로 깨달아 인생 삶에 많은 진리의 만나를 시간의 그릇에 채울 때 행복해지는 것이다.

1875년 W. S. 길버트는 「눈 있는 자. 눈 없는 자」Eyes and No Eyes라는 글을 썼다. 두 사람이 같은 날짜 같은 시간에 같은 지역의 여행을 했다. 그런데 한사람의 기억 속에는 보고 들은 것이 너무나 많고 한사람은 기억에 남는 것이 아무것도 없었다.

1992년 나는 우리나라 여러 대학의 교수 30여명과 같이 중국 연수를 갔다. 2주간에 걸쳐 중국 10대도시를 다니며 여러 대학과 도서관 박물관을 견학하고 많은 고적지를 다녔다.

그런데 귀국하기 전날 밤 모두가 호텔 로비에 앉아서 중국여행에 대한 자기소견 발표회를 가졌다. 이때 어떤 이는 보고 듣고 느낀 소감을 기록한 노트가 여러 권이었는데 나에게는 아무것도 없었다. 이 때 나는 아이스 앤드 노 아이스Eyes and No Eyes가 무엇인지 알았다.

시인 천상병씨는「귀천」에서 '나 하늘로 돌아가리라 아름다운 이 세상 소풍 끝내는 날 가서 아름다웠다고 말하리라' 했다. 이는 아이스 맨Eyes man이다. 세상을 아름답다고 이렇게 노래한 사람이 있는가 하면 어떤 사람들은 자기의 삶에 저주를 한다. 삶의 의미가 무엇인지를 모르는 것이다. 이는 노 아이스 맨No Eyes man이다.

참다운 인생 삶의 성공과 실패, 인생 삶의 의미와 목적을 정의하기란 참으로 어렵지만 인간이 인간으로 태어나 인간답게 살다가 인간답게 죽어가는 평범한 진리에서 우리 모두는 시간이라고 하는 그릇에 진리의 만나로 많이많이 채우면서 살아가는 삶이 되었으면 한다.

눈이 있어도 보지 못하는 사람들이 많고 눈이 없어도 보는 사람들이 많다. 실로암안과 병원장 김선태 박사는 시각장애에도『땅을 잃고 하늘을 얻은 사람』이라고 하는 책을 썼다. 노 아이스 맨No Eyes man이면서도 그는 아이스 맨Eyes man이다.

삶의 보람은 시간이라는 그릇에 무엇을 담으며 살아가는가이다.
아이스 앤드 노 아이스Eyes and No Eyes다.

나그네 손님과 천사

나그네라고 하는 말은 자기 고장을 떠나 여행 중에 있는 사람을 칭하는 말이고, 손님이라고 하는 말은 자기 집을 방문한 사람을 높여 부르는 말이다.

아랍나라 속담에는 손님이 오지 않는 집에는 천사가 오지 않는다는 말이 있다. 우리가 이런 말을 들으면 우리 집에 찾아오는 손님의 귀중성을 잘 알아야 한다.

히브리서 기자는 손님 대접하기를 잊지 말라고 했다. 그 이유는 부지중에 천사들을 대접한 이들이 있었기 때문이다. 그리고 믿음으로 기생 라합은 정탐꾼을 평안히 영접함으로 순종하지 아니한 자와 함께 멸망하지 아니하였다는 것이다.

오늘 우리는 이런 기도를 자주 듣는다. 그리스도는 이 집의 주인이시요, 식사 때마다 보이지 않는 손님이시며, 모든 대화에 말없이 듣는 이시다. 정말 주님을 모시고 사는 참 신앙인의 기도다.

로마서 12장에는 하나님의 뜻을 분별하는 새 생활 8대 지침이 잘 기록되어 있다.

형제를 사랑하여 서로 우애하고

존경하기를 서로 먼저 하며

부지런하여 게으르지 말고 열심을 품고 주를 섬기며

소망 중에 즐거워하며

환난 중에 참으며

기도에 항상 힘쓰며

성도들의 쓸 것을 공급하며

손 대접하기를 힘쓰라고 했다. 손님을 접대하는 일은 천사를 접대함이요 나아가 하나님의 뜻을 분별하는 새 생활이 되기 때문이다.

성서에는 손님을 영접하므로 하나님을 영접한 사람들이 많이 있다. 아브라함은 마므레 상수리나무 수풀 근처 장막 문에 앉아 있다가 사람 셋을 잘 영접했다. 아브라함은 손님으로 사람 셋을 영접했지만 실제로는 삼위일체 하나님을 영접한 일이 되었다.(창18:1)

롯은 찾아오는 손님에게 식탁을 베풀고 무교병을 구워 잘 먹게 하였다. 그런데 후에 안 일이지만 그 손님들은 천사였고 소돔성이 멸망할 때 롯은 이 천사의 지시로 생명을 얻은 사람이 되었다.(창19:1)

예수님께서는 누구든지 제자의 이름으로 이 소자 중 하나에게 냉수 한 그릇이라도 주는 자는 결단코 그 상을 잃지 아니한다고 했다.(마10:41~42) 이는 문전의 손님 접대를 잘 하라는 말이다

우리말에 손님은 왕이라고 하는 말이 있는데 사실은 손님이 왕보다도

더 높은 천사요 예수님이시고 하나님이신 것이다.

예루살렘으로부터 엠마오로 내려가는 두 제자는 가다가 나그네를 만났다.(눅24:30) 그 나그네의 영접이 곧 그리스도를 영접하는 결과를 가져왔다. 손님이 오지 않는 집에는 천사가 오지 않는다는 말을 우리는 귀담아 들어야 한다.

사도행전 28장7~9절에는 바울이 로마로 호송되어갈 때 파산된 배가 메라데섬에 이르자 이 섬에서 가장 높은 사람 보블리오라 하는 사람이 바울을 손님으로 영접하여 사흘이나 친절히 머물게 하였는데 그의 부친이 열병과 이질에 걸려 누워 있는 것을 바울이 안수하여 낫게 하고 섬 가운데 다른 병자들도 고침을 받았다.

우리는 우리 집에 찾아오는 손님들의 발걸음이 뚝 끊어졌다는 말에서 멀어졌으면 한다. 히브리서 기자는 부지중에 천사들을 대접한 이들이 있었다면서 손님 대접하기를 잊지 말라고 했다.

우리는 우리 집에 찾아온 손님이 나로 하여금 절망의 엠마오에서 희망의 예루살렘으로 올라가게 하는 예수님(하나님)일 수도 있고 좋은 소식을 전하려온 천사일 수도 있음을 깊이깊이 명심해야 한다.

손님이 오지 않는 집에는 천사가 오지 않는다.
나그네 손님과 천사의 일언이다.

제2부
성서의 명상

나무들의 대화

옛날에 세상의 모든 동물들이 모여서 자기들을 다스릴 왕을 뽑기로 했다. 제일먼저 지상의 왕자 사자가 내가 왕이 되겠다고 나서자 독수리는 공중의 왕자 내가 왕이 되어야 한다고 했다. 그러자 바다의 왕자 고래가 내가 왕이 되어야 한다고 했다.

이 말을 들은 다른 동물들이 말을 했다. 우리에게는 지상과 공중과 바다 모두에서 활동할 수 있는 만능의 동물이 왕이 되기를 원한다. 이 요구에 땅에서 걷기도 하고 공중을 날기도 하고 바다에서 수영도 하는 오리가 왕이 되었다는 것이다.

그런데 이것이 정말로 잘된 일일까? 우리는 만능의 지도자를 뽑을 수는 없다. 그러나 왕은 통치능력도 있어야 하고 모두를 잘 지켜줄 수 있는 능력이 있어야 하고 품어도 주어야 하는 것이다.

그런데 단순히 오리가 육지를 뒤뚱뒤뚱 걷고 하늘을 푸다닥 푸다닥 날고 바다에서 둥둥수영을 좀 한다고 해서 왕이 되었다고 하는 데는 문제가 있는 것이다. 약자는 잡아먹고 강자에게는 쫓기고 "탕" 하면 겁이 나서 후다닥 도망치는 오리는 이웃에게 줄 것도 없고 자기 그늘에 와서 피할 자는 아무도 없는 것이다.

사사기에는 나무들의 대화가 기록되어 있다. 나무들이 나가서 나무에게 기름을 부어 자기들의 왕을 삼고자 했다. 왕이 되어 달라는 요구에 감람나무, 무화과나무, 포도나무, 이 모두는 겸손히 자기들의 기능으로 하나님과 사람을 영화롭게 하는데 내가 어찌 그것을 버리고 나무들 위에 우쭐대겠는가? 하면서 사양을 했다. 그런데 찌르기도 잘하고 상처 주기를 잘하며 주변에 잔디도 자라지 못하게 하는 가시나무만이 임금의 지위를 추구했다.

이 나무들의 대화는 세겜 여자로 말미암아 낳은 여룹바알(기드온의 다른 이름)의 아들 아비멜렉에 관한 이야기이다. 이스라엘의 사사 기드온은 32000명의 지원병에서 경계에 투철한 300명의 용장을 골라 미디안 족속을 물리치고 40년 동안 이스라엘에 평화를 가져온 유명한 사사다. 히브리서 11장에도 그를 믿음의 용장으로 소개하고 있다.

그래서 많은 백성들은 기드온이 왕이 되기를 원했다. 그러나 기드온은 내가 너희를 다스리지 아니하겠고 오직 여호와께서 너희를 다스리시리라고 했다. 기드온은 하나님이 이스라엘의 왕이라는 것이다.

그런데 세겜에 있는 기드온 첩의 아들인 아비멜렉이 세겜에 있는 기드온의 아들 70인 모두를 쳐 죽이고 세겜 사람들에 의하여 강제로 왕이 되었다. 그러나 3년의 세월이 지난 후에 혁명이 일어나서 세겜시가 불타고 데벳성을 포위한 시기에 아비멜렉은 한 여인이 내려던진 맷돌짝에 맞아 두개골이 부서지고 자기 부하의 칼에 비참히 찔려죽고 말

았다.(사8:31, 9장)

하나님의 부름을 받아 구원자 노릇을 한 사사 기드온이 베푼 은혜를 망각한 데서 악의 씨앗이 싹튼 것이다. 아비멜렉은 아버지 기드온과는 정반대로 잔인한 방법을 통해서 왕정을 세웠다. 하지만 그 왕정은 곧 사라지고 자기도 잔인한 방법에 의하여 죽은 것이다.

이 나무들의 대화는 사람이 사람을 다스릴 때 생기는 위험과 유혹을 잘 드러내 주고 있다. 임금을 구원의 보장자로 보는 옛 중동의 사상과는 달리 여기서는 왕정을 냉정하게 비판적으로 문제를 삼고있는 것이다.

임금의 지위를 추구하는 것은 가시나무뿐인데 이 가시나무는 줄 것도 없고 잃을 것도 없어서 오직 자기 권력만을 무자비하게 휘두르는 비천한 나무이다. 자기에게 무조건 복종하고 굴복하는 자만이 자기 그늘 아래서 보호를 받는다.

이 가시나무 대화는 왕정 일반에 대한 비판이 들어 있다. 남용된 권력은 돌이켜 집권자 자신들에게 창칼로 돌아와서 자기 자신을 멸망시키는 것이다. 자기 칼에 자기가 죽는다.

이 나무들의 대화에서는 왕이 되어야할 사람이 왕이 되어야 하는데 자격이 없는 가시나무와 같은 아비멜렉이 왕이 됨으로써 이런 비극이 찾아왔다는 것이다.

오늘날 우리가 지도자를 선택할 때에도 지도자의 선택기준이 있어야 한다. 지도자의 선택기준이 무엇일까? 그것은 감람나무와 같은 사람이다. 그 이유는 감람나무가 그 기름으로 하나님과 사람을 영화롭게 하기 때문이다. 그러면서도 겸손하게 사양을 한다.

무화과나무와 같은 사람이다. 그 이유는 무화과나무는 단것과 아름다운 열매로 하나님과 사람을 영화롭게 하기 때문이다. 그러면서도 겸손하게 사양을 한다.

포도나무와 같은 사람이다. 그 이유는 포도나무가 그 포도주를 내어 하나님과 사람을 영화롭게 하기 때문이다. 그러면서도 겸손하게 사양을 한다.

한국정치외교사 논총 제39집 제1호에 보면 북한의 백두혈통을 위한 역사 만들기에서 김정은이 자기의 공식적인 체제를 출범하면서 그 통치이념으로 김일성 김정일 주의를 내세우고 자기가 백두혈통과 선군전통을 이어받은 위대한 지도자라 했다고 소개했다.

그리고 북한 김정은은 특별군사재판을 열어 장성택 국방위원회 전 부위원장에게 사형판결을 한 뒤 즉시 사형을 집행했다. 조선중앙통신은 '장성택에 대한 조선민주주의 인민공화국 국가안전보위부 특별군사재판이 진행됐다'며 공화국 형법 제60조에 따라 사형에 처하기로 판결하고 사형이 집행됐다고 보도했다.

이러한 북한의 모습들을 보면 바로 이런 정권이 가시나무 정권이요, 가시나무 왕이요, 잔인한 방법으로 왕정을 세운 아비멜렉의 정권이다. 왜냐하면 아비멜렉이 세겜에 있는 요담을 제하고 기드온의 아들 70인을 모두 죽이고 세겜 사람에 의하여 강제로 왕이 된 것과 동일하기 때문이다.

나무들의 대화, 귀 기울여 잘 경청했으면 한다.
생각하면 정말 무섭고 치가 떨리는 이야기이다.

예수냐, 바라바냐

예수냐? 바라바냐? 이 질문은 유대총독 본디오 빌라도가 유대군중들을 향해서 묻는 질문이다. 유대인들은 애굽에서 해방되어 나온 날을 유월절이라 하는데 유대풍속에는 유월절마다 죄수 한 사람을 석방하는 전례가 있었다.

이 전례에 따라서 총독 빌라도는 바라바와 예수를 재판장에 서게 하고 군중들에게 물었다. "너희는 내가 이 두 사람 중 누구를 너희에게 놓아주기를 원하느냐? 바라바냐? 예수냐?" 이 질문에 군중은 바라바를 택했다.

그런데 우리는 여기에서 바라바가 어떤 인물인가를 잘 알아야 한다. 바라바는 예루살렘 성내에서 폭동을 일으키고, 살인죄로 투옥되고, 도적으로도 묘사되어 있다. 그래서 그를 강도라고도 했다. 바라바는 도적이요 강도요 살인자라는 것이다.

그런데 주후 240년경 대부분의 성서사본에 보면 바라바는 그 이름의 뜻은 교사의 자식이라는 뜻이고 그 이름은 정확히 "예수바라바"이며 열심당원으로서 로마제국의 통치에 폭력항쟁으로 맞설 것을 주장한 유대의 종교적 민족주의 정치 운동가라는 것이다.

그 후에 성서사본가들이 하나님의 아들 예수의 이름이 예수바라바와 같이 기록되어 있음에 혐오감을 느끼고 예수바라바에서 예수를 삭제하고 바라바라고만 했다는 것이다.(표준 새 번역에는 지금도 예수바라바라고 되어 있음)

신약성서에서 바라바를 폭동의 주모자이자 살인자로 설명하고 있는데, 그는 우리가 생각하는 것처럼 단순한 도적이나 강도 또는 살인자가 아니다. 마치 우리나라의 안중근 의사가 의병군을 이끌고 독립운동을 하면서 이토 히로부미를 죽이고 살인죄로 투옥된 것 같이 바라바도 로마제국에 대한 폭력투쟁의 지도자였고 열심당원인 것이다.

이러한 예수 바라바와 예수 그리스도를 재판장에 세우고 빌라도는 물었다. "바라바냐? 아니면 그리스도라 하는 예수냐? 내가 누구를 너희에게 놓아 주기를 원하느냐?"

이 질문에 민중들은 현실참여적인 폭력의 투쟁자 바라바를 석방해달라고 요청을 했다. 그래서 바라바는 석방이 되고 예수는 두 명의 다른 강도와 같이 십자가형에 처해졌다. 그리고 십자가에 달린 두 명의 강도도 바라바의 일당으로 생각한다.

만약 우리나라에서도 유대나라와 같이 유월절과 같은 명절이 있고 죄수 하나를 놓아주는 전례가 있어서 일본 총독이 우리를 향하여 내가 너희에게 안중근을 놓아주랴? 아니면 너희가 말하는 선각자를 놓아주랴?

라고 묻는다면 오늘 우리는 과연 어느 누구를 택할 것인가?

아마 우리도 조용한 선각자 보다는 애국의 투사 안중근 의사를 택했을
것이다. 우리는 성서를 읽으면서 얼핏 하면 바라바를 놓아 달라 하는
대제사장들과 장로들과 그 무리들을 향해서 이 죽일 놈들, 이 죽일 놈
들 하고 욕설을 하지만 사실은 그 죽일 놈은 다름 아닌 바로 우리가 아
닌가 생각한다.

오늘도 빌라도의 재판정에는 변함없이 두 명의 죄수가 서 있다. 그 하
나는 예수 바라바이고, 다른 하나는 예수 그리스도이다. 군중은 독립운
동가 살인자 바라바 예수를 택함으로써 하나님의 독생자 그리스도 예
수는 십자가형에 처해지고 있다.

유대총독 본디오 빌라도가 오늘 우리를 향하여 지금도 변함없이 내가
누구를 놓아주랴? 라고 묻는다. 그런데 우리의 회답은 무엇일까? 예수
바라바인가? 예수 그리스도인가?

그래서 오늘도 예수 그리스도는 변함없이 군병들에게 희롱을 당하고
있다. 그의 옷을 벗기고 홍포를 입히며 가시관을 엮어 그 머리에 씌우
고 갈대를 그 오른손에 들리고 그 앞에서 무릎을 꿇고 유대인의 왕이여
평안할지어다 하면서 희롱을 한다. 그 희롱자가 바로 우리임을 알아야
한다.

그에게 침 뱉고 갈대를 빼앗아 그의 머리를 친다. 골고다로 가서 쓸개
탄 포도주를 예수께 주어 마시게 해보기도 하고 군중은 예수를 십자가

에 못 박고 그 옷을 제비 뽑아 나눈다. 이 악인의 무리가 바로 선택을 잘못한 이 글을 읽는 우리 모두인 것이다.

오늘 지금 이 시간 이러한 현실이 우리 앞에 벌어진다 하더라도 상황은 옛날이나 지금이나 별로 다를 바가 하나도 없다. 그래서 예수님은 어제도 오늘도 우리를 위해서 십자가를 져야 하고 비아돌로사 피의 길을 가야만 하는 것이다.

예수 그리스도를 십자가에 못 박으라고 외치는 무리가 2000년 전 저 빌라도 법정에 있는 것이 아니고 바로 지금을 살아가는 오늘 우리의 현실 속에 있음을 알고 살아갔으면 한다.

오늘도 변함없이 빌라도는 우리를 향해서 "내가 이 두 사람 중 누구를 너희에게 놓아 주기를 원하느냐?" 라고 묻고 있다.
예수냐? 바라바냐?

생명을 거는 신앙고백

예수님께서 가이사랴 빌립보 거리를 걸으면서 사랑하는 제자들에게 물었다. "너희는 나를 누구라 하느냐?" 이 질문에 베드로는 주는 그리스도시요 살아 계신 하나님의 아들이라고 했다. 예수님은 왜 이 거리를 걸으면서 이런 질문을 하셨을까?

로마의 유명한 정치가요 전략가인 가이사는 자기 이름을 붙여서 가이사랴라는 도시를 많이 건설했다. 그리고 그는 여러 나라를 정복하고 신도시를 건설할 때마다 자기 이름을 붙였다.

이스라엘에는 가이사랴의 이름이 붙여진 도시가 둘이 있다. 하나는 지중해 해변 욥바 항구 위쪽 해변에 있고, 다른 하나는 갈릴리바다의 북쪽 헤르몬산에 있다.

이곳은 옛날 가나안 시대에 자연신 바알을 숭배했던 장소다. 로마황제 아우구스도가 이곳을 헤롯의 아들 빌립에게 주었는데, 빌립이 로마황제를 위한 신전을 세우면서 로마황제의 칭호인 가이사와 자기 자신의 이름을 붙여서 가아사랴 빌립보라고 이름 지었다.

가이사라 도시의 특징은 황제의 이름이 붙여졌기 때문에 여기에 모여 사는 인구가 많았다. 쾌적하고 잘 정리 정돈된 도시다. 지상 천국 같아 서 모두가 살아보고 싶어 하는 도시다. 그래서 제자들이 이 도시를 걸어 가면서 나도 이런 곳에서 한번 살아봤으면 하고 생각했을지도 모른다.

이때 이 도시를 걸으면서 예수님은 제자들에게 물었다. "사람들이 인 자를 누구라 하느냐?" 이 질문에 더러는 세례 요한, 더러는 엘리야, 어 떤 이는 예레미야나 선지자 중의 하나라고 했다. 예수 그리스도는 베드 로에게 다시 물었다. "너는 나를 누구라고 하느냐?" 시몬 베드로는 "주 는 그리스도시요 살아 계신 하나님의 아들이십니다."라고 고백했다.

우리는 여기에서 이 말의 의미를 잘 이해해야 한다. 예수님의 이 질문 은 이곳 사람들은 모두가 가이사를 신으로 생각하고 살아가는데 너희 들은 신이 누구라고 생각하느냐? 라는 것이다. 이곳에서 가이사 외에 다른 무엇을 신으로 고백한다면 곧 가이사의 적이 되고 죽음이 있을 뿐 이다.

그런데도 베드로는 이 가아사라 빌립보 거리에서 담대하게 나는 황제 가 신이 아니고 나사렛 예수가 인류를 구원하는 하나님이라고 고백을 하는 것이다. 이 고백에 예수님은 베드로를 복되다 하시고 이 신앙고백 위에 교회를 세운다고 했다.

그래서 가이사라 거리에서 베드로의 이 신앙고백은 생명을 걸고 하는 신앙고백이다. 모두가 가이사를 신으로 생각하는 이 도시 한복판에서 세례 요한, 엘리야, 예레미야나 선지자 중의 하나라고 고백하는 이런 신앙고백은 위기에서 빠져나갈 구멍이 있다. 하지만 베드로의 이 신앙고백은 빠져나갈 구멍이 없다. 그래서 생명을 걸고 하는 신앙고백이다.

북한에서 남한으로 망명한 태영호씨는 북한에서는 김일성과 김정일을 신으로 생각하며 그 가족들은 모두가 살아있는 신이라고 생각한다는 것이다. 또 북한에서는 종교를 인정하지 아니한다.

만약 우리가 예수님과 같이 평양 거리를 걸어가면서 예수님이 우리에게 "너는 나를 누구라고 생각하느냐?"라고 묻는다면 그때 우리도 베드로와 같이 생명을 걸고 "주는 그리스도시요 살아 계신 하나님의 아들이십니다."라고 담대히 고백할 수 있겠는가?

우리는 주일마다 교회에 나가서 예배 중 사도신경으로 신앙고백을 한다. 문제는 오늘날 우리가 이 신앙고백을 할 때마다 순교자적인 각오와 죽을 준비가 되어 있어야 하는 것이다.

그리고 돈과 권력 탐욕과 욕망으로 가득 찬 눈부신 가이사랴 빌립보 도시에서 모두가 가이사를 신으로 모시고 살고 싶어 하는데 여기에서 예수 그리스도는 제자들에게 하늘나라와 천국의 열쇠를 이야기 하고 있는 것이다.

오늘 우리 성도는 가이사랴와 같은 화려한 도시에 안 살아도 좋다. 바알이 판을 치는 우상의 도시 가이사랴 빌립보 보다는 하나님의 아들 예수 그리스도와 같이 걷는 나사렛 길을 좋아하는 사람이 되어야 한다. 왜냐하면 우리는 베드로와 같이 하늘 문을 여는 천국의 열쇠를 준비하는 성도이기 때문이다.

세계를 여행하다 보면 살고 싶은 도시들이 많이 있다. 하지만 예수 그리스도를 믿고 하늘나라를 바라보는 우리는 천국의 소유자들이요 그 열쇠를 준비하는 사람들이다. 그래서 주님과 함께라면 이세상것은 무엇이고 비교가 안 된다.

찬송가에는 주와 같이 길가는 것 즐거운 일이라고 했고, 초막이나 궁궐이나 우리주님 모신 곳이 천국이라고 했다. 그래서 우리주님 걸어가신 발자취를 따라 가는 것이다. 그 길이 천국 가는 길이요 생명의 길이기 때문이다.

현대화된 오늘날 우리가 가이사랴 빌립보와 같은 도시 길을 걸으면서 지금 당신은 어떤 생각을 하고 있는가? 주께서 베드로에게 하시는 질문, "사람들이 인자를 누구라 하느냐?" 하실 때 베드로와 같이 "주는 그리스도시요 살아 계신 하나님의 아들입니다."라는 고백이 있었으면 한다.

왜냐하면 이 세상 험하고 나 비록 여기 살아도
주님과 함께라면 천국이기 때문이다.

닮아 가기

1932년 소설가 김동인은 「발가락이 닮았다」는 단편소설을 썼다. 엄마가 업고 있는 아기를 보는 많은 사람들이 모두가 아빠 아니면 엄마를 닮았다고 말을 하면 좋으련만 닮은 데라고는 하나도 없다고 하자 민망한 엄마는 자기아기의 발가락이 아빠를 닮았다고 했다.

오늘 예수를 믿는 신자들에게 사람들이 성도답다거나 예수님의 얼굴을 보는 것 같다면 기분이 좋으련만 공자나 붓다 같다면 나쁠 것도 없지만 듣기에는 민망한 것이다. 그리고 오늘 우리는 예수 그리스도의 발가락은 안 닮아도 좋다. 예수 그리스도의 얼굴을 닮아가야 한다.

구약의 여호수아 장군은 누가 보아도 영도자 모세를 닮았다. 오늘 우리도 예수를 닮았으면 한다. 이스라엘 백성들을 이끌고 요단강을 도하하여 가나안에 들어가 전쟁에서 승리하고 12지파에게 토지를 분할해준 여호수아는 나와 내 집은 여호와를 섬기겠노라 하면서 오늘날 너희가 섬길 자를 택하라고 했다.(수1:13) 백성들로 하여금 여호와 하나님에 대한 신앙을 강조하는 것이다. 여호수아의 삶을 보면 그는 마치 영도자 모세의 판박이 같이 보인다.

둘이는 다 같이 이스라엘의 지도자인데 모세는 엑소더스의 지도자이고, 여호수아는 가나안 정복의 지도자이다. 이들의 닮은 삶을 살펴보면서 예수 안에서 우리도 우리의 삶의 자세를 점검해 보고 예수를 닮아가는 삶을 살았으면 한다.

모세의 삶을 보면

아므람의 아들이다. 그 이름의 뜻은 '건진다'의 뜻이다.(출2;10)
미디안 광야에서 40년 동안 수련을 했다.
떨기나무 불꽃 가운데에서 야훼 하나님을 만났다.(출3:1)
네가 선 곳은 거룩한 땅이니 네 발에서 신을 벗으라고 했다.

유월절 어린양의 피로 이스라엘을 구원했다.(출12:6~7)
백성들로 하여금 홍해바다를 육지같이 건너게 했다.
출애굽 한 이스라엘 백성들은 신광야에서 물이 없자 오히려 홍해 저편 애굽의 고기 가마를 그리워했다.(출16:3~4)
하나님께 받은 십계명을 법궤 속에 두었다.(출25:16)

죽기 전에 12지파에게 복을 빌어 주었다.(신33장)
살인자를 위한 도피성으로 베셀, 라못, 골란을 지정했다.
애굽에서 자기백성을 이끌어낸 출애굽의 지도자이다.
신관神官이었고, 정치가, 예언자, 군인의 성향이 강하다.
120세에 모압 땅에서 사망하여 벳브올 골짜기에 묻혔다.

여호수아의 삶이 모세를 닮아갔다

눈의 아들이고. 그 이름의 뜻은 '야훼는 구원이다'의 뜻이다.

바란 광야에서 40년 동안 수련을 했다.
여리고에서 야훼 군대의 총사령관을 만났다.(수5:14)
하나님은 거룩한 땅이니 네 발에서 신을 벗으라 했다.
라합에게 창문에 분홍줄을 매달아 구원을 받게 했다.

법궤를 멘 제사장들과 백성들이 요단강을 건너게 했다.
아이 성 전투에서 패하자 이스라엘 백성들이 불평을 하면서 오히려 요
단 저편의 삶을 더 그리워했다.(수7:7)
계약과 규정을 들은(listen) 증거석을 성소에 세웠다.
12지파에게 땅을 골고루 분배하여 주었다.

도피성으로 게데스, 세겜, 헤브론을 지정했다.(수20장)
가나안땅을 침략해 들어가는 가나안 정복의 지도자이다.
정치가였고 군인정신이 투철한 지도자이다.
110세에 사망하여 에브라임 산악지대에 묻혔다.(수24:29)

예수님의 삶을 보면
유대나라 베들레헴 말구유에서 태어났다.
하나님의 아들로서 '자기 백성을 죄에서 구원할 자'란 뜻이다.
평민의 아들로 태어났다.
아버지를 따라 나무를 깎는 목수의 생활에 종사했다.
29세가 되었을 때 세례요한에게 세례를 받았다.

하나님의 나라가 가까웠으니 회개하고 복음을 믿으라고 했다.
가난한 자, 병든 자, 죄인들의 친구였다.

죄가 없는 곳을 천국이라고 했다.
모든 사람으로 하여금 죄에서 구원을 받으라고 강조하였다.
자기를 낮추시고 죽기까지 복종했다.

최후에 죄인이라는 판결을 받고 십자가상에서 죽었다.
사후에 부활을 하고 승천을 했다.
재림주로 이 땅에 다시 오신다고 약속했다.

우리의 삶이 예수를 닮아가야 한다.
우리는 이름을 가지고 있다. 사람은 자기 이름값을 해야 한다.
자기 신앙의 수련이 있어야 한다.
하나님을 만나면 인생이 바꿔진다.
하나님 앞에서 신을 벗어야 한다. 신은 신분의 상징이다.
십자가상에 달린 예수의 피에 우리의 마음을 적셔야 한다.

세상을 떠나 천성을 향하여 가는 여행자임을 알아야 한다.
지금의 신앙생활에서 불신의 세상을 그리워해서는 안 된다.
신앙의 기념비를 세워야 한다.
땅 끝까지 죄인들을 위한 도피성(교회)을 세워야 한다.
이 세상에서 하늘나라로 진군하는 십자가의 정병이다.

내 시체가 식어 굳을 때까지 십자가를 붙들고 살아야 한다.
천국백성으로서 자기 직분의 역할을 잘 감당해야 한다.
죽도록 충성하면 생명의 면류관이 내게 있음을 믿어야 한다.

예수 닮기 원합니다 진심으로
예수 닮기 원합니다 진심으로

이런 찬송을 부르면서 모세의 판박이 여호수아처럼 우리는 예수 그리
스도의 삶을 닮아가는 판박이로 살아갔으면 한다.
발가락을 닮지 말고 얼굴을 닮아야 한다.

동명이인의 시몬 10

성경에는 시몬이라 이름 하는 사람들이 많이 기록되어 있다. 동명이인이라 서로가 다른 사건의 사람인데도 불구하고 같은 사람으로 착각을 할 때가 간혹 있다. 각자 서로 다른 삶을 살다간 10인 시몬의 삶을 생각해본다.

제1은 베드로 시몬이다. 예수님의 제자인 이 시몬은 갈릴리호수 북쪽 벳세다의 어부 요한의 아들이다. 시몬이라고 불리는 그에게는 안드레라고 하는 동생이 있었다. 이들은 예수 그리스도의 부름을 받아 사도의 반열에 참가했다.

사도가 된 베드로는 게바, 곧 바위라는 이름을 얻었다. 단호한 결심과 순간적인 공포에 동요하는 열정적이고 활동적이면서도 곧잘 실수를 많이 범하기도 하는 사도다. 자기가 죽을지언정 예수 그리스도를 부인하지 않겠다고 여러 번 장담을 하고서도 위기에서 세 번이나 예수 그리스도를 부인한 제자다.

그는 할례를 받은 사도로 부름을 받았고, 결혼도 하고 전도여행에서는 자기 아내를 대동하기도 했다. 그는 예루살렘교회의 기둥이 되었고, 전

설에는 AD64년에 로마에서 네로황제의 박해로 순교를 당했다고 했다.

제2는 가나안인 시몬이다. 예수 그리스도의 12사도 중 11번째 제자인 이 시몬은 열심당원으로 예수 그리스도의 제자가 되었다. 이 열심당원은 국가가 신봉하는 다신교에 대해 조금도 타협하지 아니하고 배척을 한다.

이들은 공격적인 정치적 당파로써 유대인들의 민족적 · 종교적 생활에 지대한 관심을 가졌으며, 같은 유대인들일지라도 결코 용납하지 아니하고 로마제국의 통치에 폭력항쟁으로 맞설 것을 주장한 유대의 종교적 민족주의 정치 운동가이다. 성서에서 그는 '가나안인 시몬'으로 기록되어 있기도 하고(마10:4, 막3:18), '셀롯이라는 시몬'(눅6:15)이라고도 하는데, 같은 사람이다.

제3은 예수의 동생 시몬이다. 예수님께서 제자들과 같이 고향으로 가서 안식일이 되어 회당에서 가르칠 때 많은 사람이 듣고 놀랐다. 고향 사람들은 예수를 보고 "이 사람이 마리아의 아들 목수가 아니냐? 야고보와 요셉과 유다와 시몬의 형제가 아니냐?"라고 했다. 여기 예수의 형제들 가운데 시몬이 있다. 그런데 그의 삶의 행적에 관해서는 잘 알 길이 없다.

제4는 문둥이 시몬이다. 예수님께서 사마리아와 갈릴리 사이로 지나가시다가 나병환자 열 명에게 깨끗함을 주었다. 그 중의 한 사람이 하나님께 영광을 돌렸다고 했다. 그리고 요한복음 12장에서 예수께서 베다니 나병환자 시몬의 집에 계신 적이 있는데 여기 베다니 문둥이 시몬이

고침 받고 하나님께 영광을 돌렸던 열 문둥이 중 한사람으로 생각한다.

제5는 구레네 시몬이다. 이 사람은 북 아프리카 사람으로서 예수님이 십자가를 지고 갈보리를 향하여 가실 때 로마 군병들이 예수 그리스도의 십자가를 이 시몬에게 억지로 지웠다. 이것이 기회가 되어 신앙에로 들어온 것 같다. 그의 아들 루포는 초대교회의 유명한 신자가 되었다고 했다.

제6은 바리새인 시몬이다. 예수께서 바리새인의 집에 계실 때 향유 담은 옥합을 가지고 와서 예수의 발을 적시고 자기 머리털로 닦고 그 발에 입 맞추고 향유를 부었다. 예수를 청한 바리새인이 그것을 보고 마음에 이르되 이 사람이 만일 선지자라면 자기를 만지는 이 여자가 누구며 어떠한 자 곧 죄인인 줄을 알았으리라고 했다. 이 사람이 바리새인 시몬이다.

제7은 가룟 시몬이다. 예수님은 열두 명을 제자로 택했는데 그중에 한 사람을 마귀라고 했고 그 마귀를 가룟 시몬의 아들 유다라고 했다. 여기 가룟 유다의 아버지가 가룟 시몬이다. 예수님의 제자 가운데 유다가 둘인데 하나는 가룟의 아들 유다로서 예수를 판 자이고, 다른 하나는 야고보의 아들 유다이다.

제8은 무두장이(피장) 시몬이다. 욥바에 다비다라고 하는 여제자가 있었는데 그 이름이 도르가라는 사람이다. 그가 병들어 죽으매 시체를 씻어 다락에 누였는데 베드로가 무릎을 꿇고 기도하고 다비다야 일어나라 하니 그가 일어났다고 했다. 여기에서 베드로가 시몬이라고 하는 무두장이의 집에서 머물렀는데, 이 무두장이가 시몬이다.

제9는 요술쟁이 시몬이다. 시몬이라고 하는 사람이 마술을 행하여 사마리아 백성을 놀라게 하며 자칭 큰 자라 하여 많은 사람들이 따랐다. 그런데 빌립이 하나님 나라와 및 예수 그리스도의 이름에 관하여 전도함을 듣고 시몬도 믿고 세례를 받고 빌립을 따랐다. 여기 요술쟁이가 시몬이다.

제10은 암논의 아버지 시몬이다. 역대상 4장20절에서 시몬의 아들들은 암논과 린나와 벤하난과 딜론이요 이시의 아들들은 소헷과 벤소헷이더라고 했는데, 여기 암논의 아버지가 시몬이다. 그 이상의 사건은 찾아볼 수가 없다.

성서에 나타난 동명이인 시몬 텐이다. 잘 분별했으면 한다.

동명이인의 유다 7

성서에는 유다라고 하는 이름이 많이 있다. 히브리어로 찬미라는 뜻을 가진 동명이인의 유다에 대해서 신약성서를 중심으로 정리해본다.

제1은 예수족보 가운데 나타난 유다이다. 아브라함이 이삭을 낳고 이삭은 야곱을 낳고 야곱은 유다와 그의 형제들을 낳고 유다는 다말에게서 베레스와 세라를 낳았다고 했다. 여기에 나타난 유다는 구약 야곱이 레아에게서 낳은 넷째 아들이다.

제2는 갈릴리 유다(수리아 총독)이다. 여기 갈릴리 총독 유다는 수리아 지역을 다스렸던 로마총독으로서 구레뇨의 국세조사 때 갈릴리에서 일으킨 반란의 지도자인데 이 운동이 실패로 돌아가고 살해된 것 같다.(기원 6년)

제3은 예수제자 가운데 나타난 유다(1)이다. 열둘 중의 하나인 가롯 유다는 대제사장들에게 가서 은 삼십을 받고 예수를 판 제자이다. 유다 남부 가롯 출신이기에 가롯 유다라고 했고, 제자들의 서열에서는 늘 최후에 기록이 되어 있다.

제4는 예수제자 가운데 나타난 유다(2)이다. 누가복음 6장16절에서 야고보의 아들 유다와 예수를 파는 자 될 가룟 유다라고 했는데, 여기 야고보의 아들 유다는 제자 다대오를 말한다. 그의 별명이 다대오이다. (요한복음 14장22절에서 가룟인 아닌 유다라고 했는데 여기 이 제자가 바로 다대오이다)

제5는 예수형제 가운데 나타난 유다이다. 예수님께서 고향 나사렛에 갔을 때 이는 그 목수의 아들이 아니냐? 그 어머니는 마리아 그 형제들은 야고보 요셉 시몬 유다라 하지 않느냐 했다. 여기에 나타난 유다는 예수 그리스도의 형제이다.

제6은 다메섹의 유다이다. 사도행전 9장11절 환상가운데 주께서 아나니아에게 일어나 직가라 하는 거리로 가서 유다의 집에 다소 사람 사울이라 하는 사람을 찾으라고 했는데, 여기에 나타난 유다는 다메섹에 있는 유대인의 집으로 바울을 영접한 평신도 유다이다.

제7은 바사바 유다이다. 사도행전 15장22절에서 사도와 장로와 온 교회가 그 중에서 사람들을 택하여 바울과 바나바와 함께 안디옥으로 보내기를 결정하니 곧 형제 중에 인도자인 바사바라 하는 유다와 실라더라 라고 했다. 그리고 사도행전 15장32절에는 유다와 실라도 선지자라고 했는데, 여기 선지자라 칭하는 유다는 바사바 유다를 말한다.

상기 7명의 유다 가운데 유다서의 저자는 어느 유다일까?

유다서 1장1절에서 예수 그리스도의 종이요 야고보의 형제인 유다는 부르심을 받은 자 곧 하나님 아버지 안에서 사랑을 얻고 예수 그리스도를 위하여 지키심을 받은 자들에게 편지하노라 라고 했다. 여기에 나타난 유다는 누구일까?

예수님과 가까이 지낸 인물 가운데는 유다가 셋이 있다. 제자로는 가룻인 유다와 야고보의 아들 유다(다대오)와 예수님의 동생 가운데 유다가 있다. 그러면 유다서는 누구의 서신인가?

요한복음서 14장22~23절에 따르면, 예수가 최후의 만찬을 끝내고 제자들에게 자신을 나타내 보이겠다고 선언하자 유다(다대오)는 "주님, 주님께서 왜 세상에는 나타내 보이지 않으시고 저희에게만 나타내 보이시려고 하십니까?" 하고 물었다.

여기 12제자중 하나인 이 다대오가 신약 성경 유다서의 저자로 알려진 인물이며 이 다대오는 팔레스티나, 메소포타미아 등지에서 선교를 했다.

신약 성서에 나타난 유다 7의 삶이다.

신행일치 야고보서

하나님과 주 예수 그리스도의 종 야고보가 흩어져 있는 열두 지파에게 문안한다(약1:1)는 인사로 시작되는 이 야고보서는 "믿음으로만"이라는 바울의 구원교리와 루터의 이신득의以信得儀사상으로부터 벗어나 너무 윤리적인 삶이 강조되어 있어서 많은 주석가들로부터 지푸라기 서신이라고 하는 혹평을 받고 있다

야고보서 2장14~17절에서 내 형제들아 만일 사람이 믿음이 있노라 하고 행함이 없으면 무슨 유익이 있으리요 그 믿음이 능히 자기를 구원 하겠느냐 라고 묻는다.

그리고 만일 형제나 자매가 헐벗고 일용할 양식이 없는데 평안히 가라, 덥게 하라, 배부르게 하라 하며 그 몸에 쓸 것을 주지 아니하면 유익이 없다며 행함이 없는 믿음은 그 자체가 죽은 것이라고 했다.

이런 말씀을 보면 당시 믿는 사람들의 행위가 얼마나 비윤리적이고 비 도덕적이면 이런 말을 했을까 하는 생각이 들고 오늘 우리의 현실 삶에 있어서도 교회성도들의 행위를 보면 행함이 없는 믿음은 그 자체가 죽은 것이라고 역설하고 싶어진다.

야고보서는 예수 그리스도의 속죄적 죽음과 그의 부활에 대한 지시를 별로 찾아볼 수가 없어서 야고보서가 평가절하를 받고 있다. 그리고 매우 윤리적이고 유대적이라는 것이다.

하지만 베드로와 바울에게서 받은 많은 영향도 있어서 이 책은 그리스도교에서 생산된 서신임에는 틀림이 없는 책이고 신행을 강조하는 그의 메시지는 오늘 현대교회에서도 더욱 강조되어야 하는 것이다.

불교신자들은 불교십계를 지키고 유교신자들은 유교 십후회에서 벗어나기를 노력한다. 그런데 오늘 우리 교회에서는 주일마다 십계명을 봉독하고 자기가 지키지 못한 죄를 용서해 달라고 하나님께 기도한다. 별로 노력도 하지 아니하면서 용서만을 비는데 큰 문제가 있다.

우리는 왜 10계명을 지키지 못하는가? 우리는 엄연히 자기 자신이 해야 하고 또 자기가 할 수 있는 일이면서도 거리의 교통순경처럼 하나님을 향하여 용서해 달라고 하는 지시형의 기도가 꼴사나운 것이다.

우리가 십계명을 보면 "하라" "하지 말라"로 되어 있다. 이것은 마치 교통신호와 같아서 설 때 서고, 갈 때 가면 되는 것이다. 어느 것이 더 쉽고 어느 것이 더 어려운가는 동전의 양면과 같은 것이다.

십계명은 하라는 대로 순종하는 것이 불순종보다 더 쉬운 것 같다.
하나님을 두고 다른 신을 섬기라면 얼마나 더 어려울까?
안 만들면 되는 우상 만들고 섬기기란 더 어렵다.

안식일에 쉬면 되는데 인간이 계속 일만 하기란 더 어렵다.
부모를 공경하라 했는데 자녀가 불효를 하기란 더 어렵다.
살인하지 말라 했는데 사람을 죽이라면 더 어렵다.
간음하지 말라 했는데 간음을 하라면 얼마나 더 어려운가?

안하면 되는 도둑질 남의 물건을 훔치라면 어떻게 훔치나?
네 이웃의 것을 탐내지 말라고 했는데 어떻게 탐을 낼까?
십계명은 지키는 것이 안 지키는 것 보다 훨씬 더 쉬운 것 같다.

예수님께서 음욕을 품는 자는 이미 간음을 하고 미워하면 이미 살인자라고 했다. 그렇다면 비록 당신이 음욕을 품고 미워는 하더라도 간음이나 살인까지는 가지 말아야 한다. 전자를 핑계 삼아 후자를 범하면 그것은 용서를 받을 수가 없다.

10계명을 지킬 수 없다고 포기하면 포기가 더 큰 죄가 된다. 그래서 야고보 선생은 행함이 없는 믿음은 죽은 것이라고 강조했다. 신행일치의 이 메시지에 우리 모두 귀를 기울였으면 한다.

"믿음으로만"을 강조했던 바울도 로마서 2장에서 유대인과 율법에 관한 말씀을 하면서
도둑질하지 말라 선포하는 네가 도둑질하느냐?
간음하지 말라 말하는 네가 간음하느냐?
우상을 가증히 여기는 네가 신전 물건을 도둑질하느냐?
율법을 자랑하는 네가 율법을 범함으로 하나님을 욕되게 하느냐?
하면서 행함이 없는 유대인을 꾸짖는다.

왕에게 1만달란트의 빚을 탕감 받고서도 100데나리온의 빚을 진 동료를 용서하지 못하는 악한종이 바로 구원(1만달란트)을 받고서도 10계명(100데나리온)을 지키지 못하는 바로 우리들이다. 그래서 야고보 선생은 행함이 없는 믿음은 죽은 것이라는 것이다.

신약성서에는 야고보라고 하는 이름이 5명이나 있다. 그 내용을 살펴보면서 야고보서의 저자가 어느 누구인지 알아본다.

제1은 세베대의 아들 야고보이다. 이 야고보는 예수 그리스도의 12제자 가운데 하나다. 마태복음 4장21절에서 '거기서 더 가시다가 다른 두 형제 곧 세베대의 아들 야고보와 그의 형제 요한이 그의 아버지 세베대와 함께 배에서 그물 깁는 것을 보시고 부르시니'라고 했다. 야고보가 여러 명이기에 세베대의 아들 야고보라고 칭했다.

제2는 알패오의 아들 야고보이다. 예수 그리스도의 12제자 가운데 하나다. 마태복음 10장3절에서 '빌립과 바돌로매, 도마와 세리 마태, 알패오의 아들 야고보와 다대오, 가나나인 시몬 및 가룟 유다 곧 예수를 판 자'라고 했는데, 여기에서 세베대의 아들 야고보와 구별하기 위해서 알패오의 아들 야고보라고 했다.

제3은 요한의 형제 야고보이다. 사도행전 12장에는 야고보의 순교가 잘 기록이 되어 있다. 그 때에 헤롯 왕이 손을 들어 교회 중에서 몇 사람을 해하려 하여 요한의 형제 야고보를 칼로 죽이니 라고 했는데, 여기의 야고보는 순교자 야고보를 말한다.

제4는 유다의 아버지 야고보이다. 사도행전 1장13절에서 '야고보의 아들 유다가 다 거기 있어' 했고, 누가복음 6장16절에서는 '야고보의 아들 유다와 및 예수를 파는 자 될 가룟 유다'라고 했는데 여기에 기록된 야고보는 다대오의 아버지이다.

제5는 예수의 형제 야고보이다. 마가복음 6장3절에서 '이 사람이 마리아의 아들 목수가 아니냐 야고보와 요셉과 유다와 시몬의 형제가 아니냐 그 누이들이 우리와 함께 여기 있지 아니하냐 하고 예수를 배척한지라'라고 했다. 여기에 기록된 야고보는 예수 그리스도의 형제다.

이중 야고보서의 저자는 누구일까? 이 5명의 야고보 중에서 야고보서를 기록한 사람은 예수의 형제 야고보로 생각하고 있다. 그 이유는 고린도전서 15장7절에 보면 예수님께서 부활하신 후에 형제 야고보에게 나타났는데 예수그리스도의 부활이 야고보를 회개케 했다고 짐작된다.

또 사도행전 1장13~14절에서 11제자들이 마가 다락방에서 기도할 때 여자들과 예수의 어머니 마리아와 예수의 아우들과 더불어 마음을 같이하여 오로지 기도에 힘쓰더라고 했다. 여기의 예수의 아우가 야고보이다.

이 야고보가 인격재능이 뛰어나서 예루살렘 초대교회에서 지도적인 지위를 차지하고(갈1:18~) 예수 그리스도의 승천 후에도 기둥 같은 역할을 담당했다.(갈2:9) 이 예수의 동생 야고보가 야고보서의 저자로 알려졌다.(약1:1) 기록 연대는 저자에 대한 의견만큼이나 추측이 다양하다.

1만달란트의 빚 탕감은 이신득의以信得義 하나님의 구원이고
100데나리온은 내가 지켜야 하는 10계명으로 사랑의 율법이다.
마태복음 18장에 기록된 은혜를 망각한 종의 비유를 생각하면서
야고보서를 읽었으면 한다.

신행일치의 서신 야고보서 일언이다.

예수가 좋아하는 사람들

그리스도의 복음은 선한 누룩같이 이 땅 어디서든지 인종과 문화를 초월하고 전파되고 있다. 그래서 우리나라도 이제 성도도 늘어나고 교회도 많아졌다. 그런데도 사회변화가 별로 없는 데 큰 문제가 있다.

성도의 삶이란 단순히 시간을 보내는 삶을 말하는 것이 아니고 어떤 곳으로 어떤 뜻을 가지고 어떻게 살아가야 하는가이다. 우리가 어떻게 살면 예수님이 좋아하는 사람이 될까?

예수를 따르는 사람들을 보면 여러 종류의 사람들이 있다. 떡을 먹기 위해서 따라가는 사람들도 있고, 병을 고치기 위해서 따라가는 사람들도 있으며, 이적을 보기 위해서 따라가는 사람들도 있다.

그런데 떡을 먹기 원해서 따르는 사람은 배부르면 안 따르고, 병 고침을 원하는 사람은 건강하면 안 따르고, 이적을 보기 원하는 사람은 이적을 본 후에는 안 믿는다. 이런 사람들은 예수 그리스도의 책망의 대상이 되었다.

그리스도가 좋아하는 사람은 어떠한 사람일까? 세리 마태와 같이 세관을 박차고 나오는 사람이다. 삭개오와 같이 나무에서 내려오는 사람이다. 죄 있는 여인같이 눈물로 예수님의 발을 닦는 사람이다. 예수 그리스도는 이런 사람을 좋아한다.

누가복음 20장18절에서 무릇 이 돌 위에 떨어지는 자는 깨어지겠고 이 돌이 사람 위에 떨어지면 그를 가루로 만들어 흩으리라 하시듯 산돌 되신 예수님은 인간이 자기라고 하는 틀을 산돌에 깨는 사람을 좋아한다. 이것이 자기를 낮추는 사람이고 회개하는 사람이다.

사도 바울은 자기라고 하는 틀을 깬 사람이다. 그의 고백을 보면
나는 사도 중에 가장 작은 자다.(고전15:9)
모든 성도 중에 지극히 작은 자보다 더 작은 자다.(엡3:8)
죄인 중에 내가 괴수다.(딤전1:15)
모든 것을 잃어버리고 자기를 배설물로 여겼다.(빌3:8)
만물의 찌꺼기 같이 되었다.(고전4:13)
바울은 예수 그리스도가 좋아하는 사람이 되기 위해서 이렇게 자기를 비웠다. 바울은 사도직에서 만물의 찌꺼기까지 내려갔다.

정말 강한 자는 강자에게는 강하고 약자에게는 약하게 대한다.
예수 그리스도는 정치가들에게는 '여우같은 놈들'이라고 했고,
위선적 종교 지도자들에게는 '회칠한 무덤 같은 놈들',
사두개인들이 세례를 받으려고 할 땐 '이 독사의 자식들',
뻔뻔한 세리에게는 정한 세 외에는 늑징치 말라하고
군인들에게는 강포하지 말라고 했다.

그리고 약한 자들을 도와주고 이들에게는 희망을 주었다.

맹인에게는 상상이 아닌 실상의 세계를 보게 한다.

벙어리에게는 언론의 자유를 주는 것이다.

농아에게는 청취의 권리를 주는 것이다.

그리고 천국은 이런 자의 것이라고 하시면서 희망을 주고 모두가 사람답게 살아가라고 강조한다.

사람이 말로 인류를 사랑하기란 쉽다. 그러나 내 이웃을 내 몸과 같이 사랑하고 우애하고 존경을 하면서 실천하며 살기란 쉬운 일이 아니다. 예수 그리스도는 실천하고 실천하다가 십자가에서 죽었다. 예수는 오늘 우리에게도 이런 삶을 원하는 것이다.

구라파 젊은이들에게 너희가 존경하는 인물이 누구냐고 물으면 그들은 거침없이 슈바이처, 테레사, 바웬사, 에드워드 존 스미스와 같은 사람을 꼽는다.

슈바이처는 아프리카의 가봉에가 평생 의료 봉사를 하다가 죽었다. 테레사 수녀는 인도에가 인도 빈민촌에서 병자들을 돌보며 평생을 봉사한 사람이다.

바웬사는 노동자를 이끈 지도자로서 대통령으로 선출 되었고, 노벨 평화상을 수상한 사람이다. 에드워드 존 스미스는 타이타닉 호의 선장으로, 마지막 순간까지 키를 놓지 않고 침몰하는 타이타닉 호와 함께 운명을 같이한 사람이다.

이 사람들의 삶을 보면 이들은 사랑을 떠벌리는 사람이 아니고 사랑을 실천하는 사람이고, 윤리를 강조하는 사람이 아니고 윤리적 삶을 사는 사람이고, 신앙을 논하는 사람이 아니고 신앙대로 사는 사람들이다. 이들은 '믿습니다. 구합니다.' 하는 초기 단계에서 '감사합니다. 만족합니다.' 하는 성숙단계를 지나서 '드립니다. 헌신합니다.' 하는 완숙단계에 이르러 '충성합니다.' 하는 사람들이다.

우리는 어떠한가? 1998년 8월 5일에는 일본에서 한국으로 오는 KAL기가 공항에서 곤두박질을 쳤다. 다행히 불이 나지 아니하고 승객만 다쳤는데 이때 기장이 제일먼저 도망을 갔다가 다시 돌아와서 하는 말이 여행객 가이드에게 이 일은 없던 일로 해달라고 부탁을 했다는 것이다.

2014년 4월 16일에는 안산 단원고 학생 325명과 승객 476명을 태우고 인천을 출발해 제주도로 가던 세월호가 전남 진도군 앞바다에서 침몰을 했다. 이때 나오지 말고 가만히 있으라는 방송을 했던 선원들은 승객들을 버리고 제일먼저 자기들이 탈출을 했다. 그리고 물에 젖은 돈을 바위 위에서 말리고 있었다. 우리는 이런 나라다.

우리는 이제 반성 아닌 회개가 필요하다. 이렇게 인생을 살아도 되는가? 물어야 한다. 지금 예수를 믿는 우리의 삶도 반성해야 한다. 예수 따라 가는 삶, 예수 그리스도가 좋아하는 사람들은 자기를 부인하고 자기 십자가를 지고 예수를 따르는 것이다.

위기에서 혼자만이 살겠다며 뺑소니치지 말고 고난에 동참하는 삶을 살아가라는 것이 예수의 교훈이요 이렇게 살아가는 사람을 예수님은 좋아하는 것이다. 곧 자기를 비우는 사람으로 살아가고 남을 위한 사람으로 살아가라는 것이다.

「스승의 보람」이라고 하는 글이 있다.

스승의 보람
나는 자랑스러운 겨레의 스승 / 오늘도
사랑과 긍지로 / 제자 앞에 선다.
언제나 나를 새롭게 하여 / 한 점 부끄럼 없는
거룩한 / 스승의 길을 간다.
이 길이 고되고 어려워도 / 내 정성 다하여
겨레의 미래를 가꾸는 / 보람에 산다.

이 글에서 겨레는 교회로, 제자는 성도로, 스승은 목사로 생각해보자.

목사의 보람
나는 자랑스러운 교회의 목사 / 오늘도
사랑과 긍지로 / 성도 앞에 선다.
언제나 나를 새롭게 하여 / 한 점 부끄럼 없는
거룩한 / 목사의 길을 간다.
이 길이 고되고 어려워도 / 내 정성 다하여
교회의 미래를 가꾸는 / 보람에 산다.

우리 사회에 이런 목사님들이 많으면 얼마나 좋을까? 모두가 이런 목사가 되었으면 한다. 그 이유는 예수님이 좋아하실 것 같아서다.
예수가 좋아하는 사람들.

예수 그리스도의 정체성

정체성Identity이란 말은 어떤 존재가 본질적으로 가지고 있는 특성 또는 그 특성을 가진 존재를 말한다. 신약성서에 나타난 예수 그리스도의 정체성을 살펴보면 다음과 같은 사실을 발견할 수 있다.

명칭으로 보는 예수 그리스도

1. 예수(Jesus): 어린 시절 예수의 직명이다 그 의미는 자기백성을 죄에서 구원할 자란 뜻이다.
2. 그리스도(Christ): 예수의 공적 이름이다 그 의미는 왕으로 기름부음을 받았다는 뜻이다.
3. 인자(The son of man): 사람의 아들이란 이 말은 다니엘서에서 온 말인데, 인자 앞에 The라고 하는 관사가 있어서 신의 아들임을 의미한다.
4. 신자(The son of God): 하나님의 아들이란 이 말은 마태복음에서 예수가 처녀탄생임으로 예수의 그 존재기원은 하늘에 있다는 뜻이다.
5. 주(Lord): 주님이라고 하는 이 말은 왕이란 뜻으로써 우리가 신앙고백을 할 때 사용하는 말이다.

직분으로 보는 예수 그리스도

1. 예언자적 직분이다. 신의 뜻을 인간에게 전해주는 직분이다.

2. 제사장적 직분이다. 인간의 처지를 하나님께 전해주는 직분이다.
3. 왕적 직분이다. 미래왕국에 있어서 그리스도는 통치자란 뜻이다.

인간 삶속에서 발견되는 예수 그리스도

내게로 와 배우라고 했다. 예수는 우리의 교사다.(마11:29)
나병환자를 깨끗하게 했다. 예수는 우리의 의사다.(마8:3)
선한 목자라 했다. 예수는 우리의 목자다.(요10:11)
우리가 밭이면 예수는 우리의 농부다.(마13:8)

우리가 신부라면 예수는 우리의 신랑이다.(마25:10)
우리가 집이라면 예수는 우리의 건축가다.(마7장)
우리가 고기라면 예수는 우리의 어부다.(마4:7)
우리가 종이라면 예수는 우리의 주인이다.(요15:15)

우리의 죄를 용서하시는 예수는 우리의 속죄주다.(눅7장)
행한 대로 갚아주시는 예수는 우리의 심판주다.(마16장)
우리의 죄 짐을 졌다면 예수는 우리의 구세주다.(마11:28)
우리가 자녀이면 예수는 우리의 부모님이시다.(요14:8)

우리 안에서 역사하시는 예수 그리스도

1. 교육의 사역Teaching이다.
2. 설교의 사역Preaching이다.
3. 치유의 사역Healing이다.

우리를 향한 예수 그리스도의 초청

내게로 와 쉬라고 하신다.(마11:28)

돌아와서(회개) 살라고 하신다.(막1:14)

아들이 있는 자는 생명을 얻는다.(요일5:12)

행함으로 순종하라 하신다.(요15:14)

재림의 주를 맞이하기 위해 말씀을 지키라고 하신다.(막13:35)

오늘 우리가 예수를 믿어야 하는 이유

어제를 위하여 믿는다. 과거에 지은 죄가 있기 때문이다.(롬5:12)

오늘을 위하여 믿는다. 현재 당하는 시험이 있기 때문이다.(마16:13)

내일을 위하여 믿는다. 미래 심판이 있기 때문이다.(마25:31~34)

우리 인간 가운데 역사하시는 예수 그리스도의 정체성이다.

통일유다 임금들의 명암明暗

통일 유다의 3대 임금은 사울과 다윗과 솔로몬이다. 이 사람들의 삶의 명암이 오늘 우리에게 주는 단면의 교훈을 알아본다.

초대 왕 사울: 벤야민 지파의 부농 기스의 아들이다. 용모가 뛰어나고 키가 크고 용기의 사람으로 알려져 있다. 왕을 세우자고 하는 백성들의 민의에 당시 사사이며 제사장이고 선지자이기도 한 사무엘은 하나님의 명령에 그에게 기름을 부어 이스라엘의 초대 임금이 되게 하였다.

왕위에 오른 그는 왕도를 기브아에 정하고 부근 모압, 에돔, 암몬, 블레셋. 아말렉 등 여러 민족과 싸워서 이겨 국가의 기초를 튼튼하게 한 임금이다. 이것은 사울왕이 우리에게 보여주는 밝은 면이다.

그런데 사울왕의 어두운 면을 보면 그는 여호와의 목소리를 청종하지 아니하고 탈취하기에만 급급하였다. 블레셋과의 싸움에서는 선지자 사무엘을 기다리지 못하고 자기가 희생제물을 바치는 실수를 범했다. 그리고 하나님의 명령을 늘 자기편의대로 적용시켰다.

사울은 통일 유다의 초대임금으로서 국가의 기초를 놓기는 했지만 하나님께서 주신 왕의 기회를 잘 활용하지 못하고 자기 권력의 남용과 물욕, 자기 명예와 사리사욕에 젖어 국민들의 환심을 사지 못했다.

'싸워보지도 아니하고 으스대다 갑옷을 벗어버린 장군처럼' 사울왕은 자기가 자기 자신도 감당하지 못하고 자기 칼에 죽어간 왕이 되고 말았다. 그가 우리에게 남긴 인생의 글은 아무것도 없다.

2대 왕 다윗: 베들레헴의 호농豪農 이새의 막내아들로 태어났다. 그는 목동이었는데 블레셋 대장 골리앗과 싸워 이겨 그 인기로 사울왕의 시종을 들었다. 용기와 함께 섬세한 감정의 소유자로 거문고를 잘 타기에 병석의 사울을 위로하기도 했다.

임금이 된 다윗은 블레셋과 싸워 이기고 도읍을 예루살렘으로 정하고 왕국의 건설을 온전케 한 임금이 되었다. 세계통일국가의 꿈을 가지기도 하고 메시야 사상의 원천이 되기도 한 왕이다.

사람이 살면서 저마다 선악의 삶이 다 있지만 다윗의 과오過誤을 보면 그는 자기의 부하 우리아 장군을 죽이고 그의 처 밧세바를 자기아내로 삼는 간음과 살인의 죄를 범했다.

이 죄악에 선지자 나단이 찾아가서 죄과를 지적할 때는 왕으로서 무릎을 꿇고 잘못을 뉘우치며 하나님과 사람 앞에서 회개를 했다. 그의 자세에서 우리는 나단 선지의 종교적인 힘과 방망이로 빨래를 치듯 가슴을 치며 회개하는 다윗의 위대성을 본다.

다윗은 정말 훌륭한 임금인데 그의 오점이 바로 간음과 살인에 있다. 그리고 그가 남긴 많은 시편들 중 제51편은 하나님께서 자기의 죄를 용서해 주기를 바라는 간절한 기원이다.

이 기원이 우리의 마음에 많은 감동을 준다. 인간이기에 죄를 짓지만 그 죄로 인하여 인간이 죽는 것을 원하시는 하나님은 아니시다.

다윗은 자기 죄를 탄식함으로 피곤하여 밤마다 눈물로 자기 침상을 띄우며 자기 요를 적신다고 했다. 여기 시편 51편은 사죄의 갈구, 죄의 현존성, 정의의 갈구, 원죄의 자각, 중생의 갈구, 구원의 즐거움, 죄인을 부르시는 하나님 예배적인 삶을 담고 있다.

3대 왕 솔로몬: 다윗과 밧세바 사이에 태어난 아들 솔로몬 그 이름의 뜻이 평화이다. 아버지를 이어 이스라엘 왕국의 제3대 왕으로 유다와 이스라엘을 다스렸다. 이집트 왕녀와 결혼하여 동맹을 맺고 국내 건설과 국토방위에 힘썼다.

예루살렘 성전을 비롯한 장대한 도시를 건설하고 외국과의 통상을 맺어 이스라엘 전성기를 이루어낸 왕으로 나라의 기초를 튼튼하게 한 왕이다. 그는 지혜가 뛰어나 지혜의 왕이라 칭하기도 하고, 문학에도 뛰어나 이스라엘 문학의 시조라 일컬어지기도 한다. 구약성서 중 잠언과 전도서를 남기기도 했다.

그런데 그의 사생활을 보면 어두운 면이 많이 있다. 솔로몬은 바로의 딸 외에 많은 이방 여인을 사랑하였는데, 곧 모압과 암몬과 에돔과 시

돈과 헷 여인이었다. 후궁이 칠백 명, 첩이 삼백 명으로 1000명의 여인들을 거느리고 살았다.

솔로몬의 나이가 많을 때에는 그의 여인들이 솔로몬의 마음을 돌려 다른 신들을 따르게 하였다. 그래서 왕의 마음이 그의 아버지 다윗의 마음과 같지 아니하여 하나님 여호와 앞에서 온전하지 못하였다고 했다.

솔로몬은 인생말년에 가서 시돈 사람의 여신 아스다롯, 암몬 사람의 가증한 신 밀곰과 몰록, 모압의 가증한 신 그모스, 이런 신들을 위하여 예루살렘 앞산에 산당을 지었다.

이방 여인들을 위하여 자기의 신들에게 분향하게 하며 제사하게 하였다. 그리고 솔로몬의 사치스러운 생활로 국민들에 대한 과중한 세금을 부과하고 그 결과로 이스라엘 왕국의 분열을 초래했다.

무지개처럼 화려했던 솔로몬의 영화가 먹구름으로 뒤덮이고 말았다. 정말 기가 차고 숨 막히는 일이고 안타까운 일이다. 이래도 되는가 하는 생각이 들고 종잡을 수가 없다.

하나님을 섬기며 축복 속에서 성전을 건축한 솔로몬이 그의 지혜는 다 어디로 갔을까 하는 생각이 든다. 그런데 다행이 인생말년에 기록된 솔로몬의 글이 우리의 마음에 위로를 준다.

전도서 12장에서 인생의 늙음과 죽음을 상징적으로 묘사하는 그의 글을 보면, 너는 청년의 때에 너의 창조주를 기억하라 곧 곤고한 날이 이르기 전에, 나는 아무 낙이 없다고 할 해들이 가깝기 전에 해와 빛과 달과 별들이 어둡기 전에 비 뒤에 구름이 다시 일어나기 전에 그리하라.

그런 날에는 집을 지키는 자들이 떨 것이며(팔, 다리),
힘 있는 자들이 구부러질 것이며(등, 허리),
맷돌질 하는 자들이 적으므로 그칠 것이며(이),
창들로 내다보는 자가 어두워질 것이며(눈),
길거리 문들이 닫혀질 것이며(귀),
맷돌 소리가 적어질 것이며(씹는 소리)

새의 소리로 말미암아 일어날 것이며(수면감퇴),
음악 하는 여자들은 다 쇠하여질 것이며(음성감퇴),
또한 높은 곳을 두려워하고 길에서는 놀랄 것이며(용기감소),
살구나무가 꽃이 필 것이며(흰머리),
메뚜기도 짐이 될 것이며(기력감퇴),
정욕이 그치리니(정력약화)
이는 사람이 자기의 영원한 집으로 돌아가고(입관)
조문객들이 거리로 왕래하게 됨이니라(장례)는 것이다.

은줄이 풀리고, 금 그릇이 깨지고,
항아리가 샘 곁에서 깨지고,
바퀴가 우물 위에서 깨지고,
흙은 여전히 땅으로 돌아가고,
영은 그것을 주신 하나님께로 돌아가기 전에 기억하라고 했다.
인생 말년에 솔로몬이 우리에게 주는 글이다.

사람이 생을 살면서 모두가 장단점이 있고 선악이 없을 수는 없지만 솔로몬에게 있어서는 그가 성전을 건축하고 무역을 장려하며 군비를 충실히 하고 지혜의 왕으로서 유일신앙을 가졌던 점은 큰 장점이다.

그러나 그가 인생 말년에 가서 후궁들로 인한 우상 수입에서 이방신을 섬기고 세금의 과다징수와 강제노동에서 국가의 분열을 가져옴은 정말 큰 비극이다.

그러나 그가 죽기 전에 우리에게 주는 인생의 글에서 우리는 큰 위로를 받는다. 너는 청년의 때 곧 곤고한 날이 이르기 전, 나는 아무 낙이 없다고 할 해가 가깝기 전에 너의 창조자를 기억하라.
이 말이 솔로몬이 우리에게 주는 금언이다.

생각해보는 통일 유다 3대 임금의 명암이다.

기독교회 분열 셋 그 원인

그리스도교라고 칭하는 하나의 교회가 1054년에 로마를 중심으로 한 서방교회(보편교회)와 콘스탄티노플(이스탄불)을 중심으로 한 동방교회(정통교회)로 분리되었다.

그 후에 16세기부터 르네상스와 같이 일어난 루터의 종교개혁으로 가톨릭과 개신교가 분리되었다. 하나의 교회 둘, 셋 그 분열의 원인을 한눈에 알아본다.

서방교회와 동방교회의 분열원인

레오9세의 스스로 교황 됨이다. 1054년 7월 16일에 로마의 감독 레오9세가 스스로 교황 됨을 자처하자 콘스탄티노플의 총대주교 케롤라리우스가 그를 이단자로 규정했다.

이에 질세라 레오9세는 콘스탄티노플로 특사를 보내어 케롤라리우스를 파문한다는 문서를 하기아소피아 교회제단에 둠으로써 양 교회는 사이가 멀어졌다.

서방교회가 보편교회를 주장하고 동방교회가 정통교회를 주장하면서 교회는 둘로 갈라졌다. 이단자로의 규정과 상대를 파문破門한다는 이 문서가 교회 분열의 시작을 가져왔다.

필리오케Filioque의 신학논쟁이다. 필리오케란 말은 '아들로부터'라는 뜻인데, 서방교회가 처음에는 니케아신조에서 성령이 아버지로부터 온다는 사실을 받아드렸다가 6세기경에 원본에도 없는 필리오케를 사용하기 시작했다.

이 땅에 성령의 오심이 동방교회는 성부로부터, 서방교회는 성부와 성자로부터 온다는 고백이다. 이들은 서방교회가 589년 스페인 톨레도에서 열린 교회회의에서 이 교리가 결정되었다고 주장한다.

동방교회는 아버지로부터 온다는 단일출발이고, 서방교회는 성부와 성자로부터 온다는 이중출발이다. 이 필리오케의 논쟁이 교회의 분열을 가져왔다.

문화적인 차이이다. 곧 언어사용의 문제였다. 동방과 서방이 언어가 서로 다르다. 동방은 그리스어를 사용하고, 서방은 라틴어를 사용했다. 이 언어의 차이가 소통의 이해를 가로막고 불통이 오해를 가져왔다.

성지중심의 문제이다. 서방교회는 로마가 성지중심이라고 한다. 하지만 동방교회는 로마제국이 330년 로마에서 콘스탄티노플로 수도를 옮긴 이후 이곳이 정치와 종교의 중심지였다고 주장한다.

많은 종교집회도 동방교회에서 개최되었고, 초대교회를 대표하는 5개 도시도 로마 외에는 모두가 동방교회에 속한다고 주장한다. 서방은 로마뿐이고 동방은 콘스탄티노플, 알렉산드리아, 안티오케이아, 예루살렘이 있다. 서로가 자기지역이 성지의 중심이라고 주장을 한다.

황제 수위성首位性의 문제이다. 800년에 와서 교황 레오3세가 베드로 성당에서 프랑스제국의 샤를마뉴에게 황제의 관을 씌워 서로마제국의 새로운 황제를 세움으로써 자기들의 수위성을 주장한다. 그러나 동방교회는 이에 응하지 아니하고 동등한 권위를 주장한다.

성찬식의 문제이다. 서방교회에서는 성찬식에서 무교병을 사용하는데, 동방교회에서는 이 무교병을 유대교의 잔재로 생각하고 있기 때문에 무교병 사용하지 아니하고 유교병을 사용한다.

성직자 결혼의 문제이다. 서방교회에서는 성직자의 독신을 고집한다. (특별 면제조항을 두어 결혼도 허용할 때가 있음) 그러나 동방교회에서는 사제의 결혼을 허용한다.(그러나 고위성직자는 독신들 중에서 선출한다)

십자군 전쟁의 문제이다. 1095년~1456년까지 진행된 십자군 전쟁은 로마 가톨릭입장에서는 성지 예루살렘 탈환이 목적이라 하지만 사라센들의 입장에서 보면 이것은 완전히 침략전쟁이다.

이 두 교회가 1054년에 서로가 결별을 했는데 이 전쟁으로 멀어진 교회가 더 멀어져 갔다. 멀어진 교회가 하나의 길을 모색하기 위해서

2001년 교황 바오로2세가 동방교회를 방문하고 사과를 했지만 하나의 길은 아직도 멀기만 하다.

가톨릭교회와 개신교회의 분열원인

로마 교황을 중심으로 하는 가톨릭교회의 타락을 비판하고 그리스도 교의 참된 정신으로 돌아가 교회를 개혁하려는 종교개혁운동이 16~17세기 유럽에서 일어났다.

로마 가톨릭 교회의 쇄신을 요구했던 이 종교개혁 운동이 자체정화운동이 되지 아니하고 개신교회가 싹이 트는 기초가 되었다.

여러 세기 동안 교황청은 서유럽의 정치에 깊이 관여해왔다. 당시에는 황제나 국왕이 자신의 영토 안에 있는 주교나 수도원장을 임명하는 것이 관행이었지만 1073년에 선출된 교황 그레고리우스 7세는 평신도인 국왕이 성직자를 임명할 수 없다고 주장했다. 이 모두는 돈과 관련이 되어 있다.

권력과 부가 결탁한 음모의 정치 공작과 면죄부와 성물의 판매 그리고 성직자의 타락은 당시교회의 영적인 권위를 상실시켰다. 그래서 루터 이전부터 종교개혁운동이 태동이 되고 점차 종교개혁자들이 일어났다.

종교개혁자들의 3대 명제로는

"오직 성서로"(Sola Scriptural)다. 가톨릭교회는 진리를 파악하는 기준을 교황의 가르침과 교회의 전통에서 찾았다. 여러 가지 유전(기록되지 않은 구전)을 성경과 동등하게 여겼고, 종교회의에서 채택한 어떤 신조나 역대 교황들의 포고령도 성경과 동일한 권위로 생각했다. 여기에서 종교개혁자들은 "오직 성서로"를 주장했다.

"오직 은혜로"(Sola Gratis)다. 가톨릭교회는 구원관을 공덕축적설에 근거하고 있다. 저들은 구원이 은혜가 아닌 행위에 근거하고 수많은 성자를 숭배하고, 금식기도와 고행이 수반되었다. 여기에서 종교개혁자들은 "오직 은혜로"를 주장했다.

"오직 믿음으로"(Sola Fide)다. 오직 의인은 믿음으로 말미암아 살리라는 이 성서 한마디가 결정적 메시지이다. 구원을 얻는 유일한 방법은 믿음으로 시작해서, 믿음으로 진행하고, 믿음으로 끝맺는 것이라는 것이다. 그래서 루터가 말하는 최고의 선은 그리스도를 믿는 신앙뿐이라는 것이다. 그래서 "오직 믿음으로"를 주장한다.

마틴 루터가 주장한 95개 조항을 요약하면

1. 속죄의 규정에 관한 문제로 마음의 변화와 죄의 용서를 강조한다.
2. 교황의 사죄권과 그 한계에서 교황권의 본질에 대한 불신을 강조한다.
3. 속죄의 권한 및 연옥에 있는 영혼에 대해서는 교황이 연옥에 간 영들의 죄를 결코 사면할 수가 없고 이 세상에서 속죄행위가 있어야함을 강조한다.
4. 면죄부와 사죄권의 문제점에 대해서는 면죄부는 결코 돈으로 살 수 없음을 강조한다.
5. 면죄부의 구입 및 사면권의 남용에 대해서는 교황이나 그 어떤 감독

도 면죄부는 보증을 설 수 없다고 강조한다.

6. 면죄설교의 문제와 복음 설교의 비교에서 성도가 술에 취한 죄로 면죄부를 구입하면 용서가 된다고 하는 것은 예수 그리스도의 속죄를 무시하는 행위라고 강조한다.

7. 면죄부 남용에 따른 질문 및 시행에 대한 논박에서 면죄부만 구입하면 죄 사함을 얻을 수 있다는 교황권은 아무런 의미가 없다고 강조했다.

8. 그리스도인의 신앙생활에 관한 교훈에서 면죄부를 구입하면 평안과 위로가 있다고 생각하지 말라고 강조했다.

이로 인해 마틴 루터는 교황청으로부터 파문을 당했다. 서방교회와 동방교회가 파문이 분리를 가져온 것과 같이 가톨릭과 개신교회도 이 파문이 분열을 가져왔다. 여기에서 가톨릭과 개신교회가 갈라진 것이다.

개신교회 안에서도 여러 가지 문제로 교회의 분열을 가져 왔지만 그래도 이 교회들은 모두가 다양성 안에서 통일을 가지고 있다. 갈라진 교회가 하나의 길을 모색하기 위해서 가톨릭교회가 세계교회협의회에 옵서버회원을 파견하지만 정식회원을 보내지는 않고 있다.

분리의 교회 셋 지금도 각자 마이웨이 하고 있다.

죽었다 다시 산 사람들

성서에는 죽었다가 다시 살아난 사람들의 이야기가 많이 기록되어 있다. 그런데 이 사람들 중에 어떤 이는 부활로 어떤 이는 재생으로 어떤 이는 소생으로 살아났다.

그리고 살아나서 승천한 사람도 있고 또다시 죽기도 하고 또 어떤 사람들은 죽어 보지도 아니하고 산체로 하늘로 올라간 사람들도 있다. 그 하나하나를 살펴보기로 한다.

부활의 예수: 예수 그리스도는 십자가에 달려 죽으시고 장사된 지 3일 만에 다시 부활을 한 다음 여러 사람들에게 나타나 보이셨다고 했다. 3일 만에 부활한 예수님이 제자와 여인들 그리고 문도에게 11번이나 나타났는데도 불구하고 이들 모두는 예수님을 알아보는 사람들이 없었다. 모두들 누군가하고 의심을 했다. 곧 몰라보았다는 사실이다.

이 말은 예수 그리스도의 부활은 생시의 모습과는 달리 거룩한 생명의 부활로써 변화를 말하는 것이다. 부활의 예수는 전혀 다른 익명의 예수다. 엠마오로 가던 두 제자가 예수와 같이 길을 가면서도 그들이 예수인 줄을 모르는 이유가 바로 여기에 있다. 인간이 영의 눈이 밝아질 때

비로소 예수를 알아보는 것이다.

예수의 부활체는 신령한 부활로써 거룩한 변화로써의 부활이다.
예수의 부활체는 늙거나 병들거나 죽지 아니하는 신령한 몸이다.
예수의 부활체는 시공의 제한을 받지 아니하는 빛나는 몸이다.
예수의 부활체는 영성이면서도 식사도 하시는 신기한 몸이다.
그래서 바울은 부활을 육의 몸으로 심고 신령한 몸으로 다시 살아나
니 육의 몸이 있은즉 또 영의 몸도 있다고 했다.
예수는 부활 후에 부활의 몸 그대로 하늘로 승천했다.

부활의 성도: 마태복음 27장51~53절에는 예수님이 운명 하실 때 성소
의 휘장이 찢어지고 땅이 진동하며 바위가 터지고 무덤들이 열리며 자
던 성도의 몸이 많이 일어났다고 했다.

그리고 예수의 부활 후에 그들이 무덤에서 나와서 거룩한 성에 들어가
많은 사람에게 보이니라고 했다. 이들은 예수 그리스도가 부활할 때에
무덤에서 나온 부활한 사람들인데 그 후에 이 사람들에 대한 행적을 성
서에서 찾아볼 수가 없다.

재생된 사람들: 성서에는 죽었다가 다시 살아난 사람들이 많이 있다.
이들은 거룩한 부활체가 아니고 죽었다가 자기 모습과 자기 속성 그대
로 다시 살아났기 때문에 재생된 사람들이다. 그리고 살아나서 살다가
다시 죽었다고 생각한다.

이 재생된 사람들을 살펴보면

과부의 아들: 사르밧 땅의 과부의 아들이 병들어 숨이 끊어졌는데 하나님의 사람 엘리야에 의해서 다시 살아났다.(왕상17:22)

여인의 아들: 수넴여인의 아들이 죽었는데 하나님의 사람 엘리사에 의해서 다시 살아났다.(왕하4:35)

야이로의 딸: 유대관원인 야이로의 딸이 죽었는데 예수님께서 그 아이의 손을 잡고 달리다굼 할 때 그 아이가 다시 살아났다.(막5:42)

과부의 아들: 나인성 과부의 아들이 죽었는데 예수님께서 청년아 일어나라 할 때 일어났다.(눅7:14)

나사로: 나사로가 병들어 죽어서 무덤 속에서 냄새가 났는데도 예수님께서 나사로야 나오라 하시니 죽은 자가 수족을 베로 동인 채 무덤에서 나왔다고 했다.(요11:43)

다비다: 주의 제자 베드로가 다비다라는 한 여제자가 병들어 죽었는데 살려주었다.(행9:40)

이 모두는 재생된 사람들이다. 예수 부활과는 전혀 다르다. 이들은 죽었다가 다시 살아난 사람들인데 예수님처럼 거룩한 부활체가 아니고 죽어서 살아난 사람이고 살다가 또 죽었다고 생각한다. 그래서 재생된 사람들이다.

소생된 사람: 바울이 드고아에서 강론을 할 때 바울의 강론을 듣던 유

두고가 졸음을 이기지 못하여 삼층에서 떨어져 죽었다. 그래서 바울이 다시 살려 주었다고 했다. 나사로같이 죽어서 냄새가 난 것이 아니고 죽자마자 생기가 다시 돌아온 삶이다.(행20:9)

산채로 천국 간 사람: 성경에는 죽지 않고 천국에 간 사람들이 있다. 에녹은 믿음으로 죽음을 보지 않고 하나님이 그를 옮기심으로 다시 보이지 아니하였다고 했다.(창5:24) 엘리야 선지는 회오리바람을 타고 하늘로 올라갔다. 예수님의 십자가 오른편 강도에게는 예수님께서 오늘 네가 나와 함께 낙원에 있으리라고 했다. 이들은 모두가 죽지 아니하고 낙원에 간 사람들이다.

환상: 저 에스겔 골짜기에 마른 뼈들이 있었는데 살아나 큰 군대가 되었다고 했다. 이것은 부활이나 재생 또는 소생이 아니고 땅을 잃고 흩어진 유대민족의 시온이즘을 말하는 에스겔이 본 환상이고 꿈이고 비전이다.(겔37:4)

비유: 누가복음 16장에는 부자와 나사로에 관한 이야기가 있다. 하나는 음부에서 하나는 아브라함의 품에 있으면서 서로가 하는 대화는 천국과 지옥에 대한 예수님의 비유이지 부활과 재생과는 아무런 관계가 없는 사건이다.

예수 안에서는 죽어도 살고, 산 채로 천국 간 사람들을 생각해본다. 부활과 재생과 소생과 생천의 단상이다.

코페르니쿠스적 전환

오늘날 기독교 성직자들은 설교를 할 때 곧잘 코페르니쿠스적 전환이란 말을 자주 사용한다. 코페르니쿠스적 전환이란 인간 자기 행동이나 사고방식 그리고 그 견해가 종래와는 달리 크게 변하는 일을 비유적으로 이르는 말이다.

고대 그리스의 천문학자이고 지리학자인 프톨레마이오스는 지구가 우주의 중심에 있고, 태양을 비롯한 모든 천체는 지구의 주위를 돌고 있다는 천동설을 주장한 사람이다.

천동설은 원시 시대부터 사람들이 천구의 일주 운동과 연주 운동 따위의 겉보기 운동을 보고 느꼈던 그대로를 설명한 이론이다. 이 프톨레마이오스의 천동설이 그리스도교의 교리로 받아들여지고 그 결과, 이 천동설은 의심할 바 없는 진리로 여겨지게 되었다.

1543년에 와서, 폴란드의 사제이고 천문학자인 코페르니쿠스는 태양이 우주의 중심이고, 지구는 행성의 하나로 자전을 하면서 태양의 주위를 공전한다는 지동설을 주장했다. 그리고 많은 학자들이 연구를 거듭함에 따라 천동설이 잘못된 이론으로 밝혀졌다.

'코페르니쿠스적 전환'이라는 용어를 처음 사용한 사람은 철학자 임마누엘 칸트였다. 이 전환의 의미는 모든 사람들이 당연하다고 생각하고, 옳다고 믿는 것에 대해서 의심을 품고 끊임없이 관찰하고 연구하고 논의한 끝에 결국 그 이론을 전복시키는 것이다.

그런데 기독교에서는 이 전환을 인간이 어떤 만남을 통해서 자기변화를 가져오는 것을 의미한다. 인간은 나면서부터 만남을 통해서 살아가고 있다. 태어날 때는 부모님을, 자라나면서 친구를, 학교에서는 스승을, 또 자라면 이성을 만나고 또 여러 성현들을 만나면서 살아가고 있다.

그런데 문제는 인간이 누구를 만나느냐에 따라서 인간 자기 자신의 인생이 달라진다고 하는 사실이다. 저 구약에 나타난 아브람은 하나님을 만난 후에 아브라함이 되고 이스라엘의 믿음의 조상이 되었다.

야곱은 장자의 명분을 가로채고 저 멀리 하란으로 도망가 살면서 삼촌의 두 딸과 두 딸의 여종을 자기아내로 삼아 12아들을 두었다. 물질적인 세계에서 풍요를 누렸지만 마음에 만족함을 얻지 못하던 그가 얍복강 나루터에서 하나님을 만나 신앙을 가지고 인생을 살아가는 이스라엘이 되었다.

모세는 유대인을 학대하는 애굽의 군사를 쳐 죽인 살인자였지만 그는 그 기억에서 벗어나 수련의 광야 미디안으로 갔다. 그곳에서 하나님을 만나서 이스라엘 백성을 출애굽 시키는 영도자가 되었다.

신약성서에서 코페르니쿠스적 변화를 가져온 대표적인 인물은 사도 바울이다. 바울은 스테반의 죽음을 마땅히 여긴 살인 방관자였다. 그러던 그가 다메섹 도상에서 예수님을 만나서 죄의 기억에서 자신을 해방시키고 행동하는 신앙인이 되었다.

바울은 그리스도를 위하여 모든 것을 배설물로 여기고 예수 그리스도의 사도로 인생을 살아갔다. 바울의 생애는 나에서 하나님으로, 율법에서 믿음으로, 행위에서 은혜로의 변화 받은 사람이 되었다.

야곱의 우물가에서 물을 긷는 사마리아 창녀는 예수를 만난 후에 자기의 과거를 청산하고 물동이를 버리고 메시야를 외치는 여인으로 변했다.

과거 자기의 슬픈 기억에서 벗어나지 못하고 지금 자기의 처지에서 우왕좌왕하는 사람은 절대로 새로운 삶으로 나가지 못하고 코페르니쿠스적인 삶을 살아갈 수가 없는 것이다.

우리나라의 김익두 목사는 조선민주주의 인민공화국에서 활동한 한국 초기 개신교 목사 중 한 명이다. 청년 시절에는 방탕한 생활을 하였으나 1900년 미국인 선교사 W. L. 스왈렌의 설교에 감동하여 개신교에 관심을 갖게 되었다.

1년 후 스왈렌에게 세례를 받고 재령교회의 전도사가 된 김익두는 황해도 신천 지역의 개척 전도사로 파견되어 개척교회 활동을 하였다. 그 후 1910년에는 평양 장로회신학교를 졸업하고 신천교회의 목사가 되었다.

깡패로서의 인생이 예수를 믿고 변화를 받아 하나님의 종이 되어 순교자의 길을 간 사람이다. 코페르니쿠스적 대전환을 가져온 사람이다. 누구든지 그리스도 안에 있으면 새로운 피조물이 된다. 이전 것은 지나가고 새것이 되는 것이다.

우리는 코페르니쿠스적 인생의 대전환이 있어야 한다. 이 전환은 예수를 만남으로 가능해진다. 성서의 모든 위대한 인물은 하나님(예수)을 만나는 데서 대변화를 가져왔다. 하나님을 만나면 코페르니쿠스적 인생의 대전환이 일어나는 것이다.

우리 모두 예수 그리스도를 만남으로
마음에 코페르니쿠스적 대전환이 있었으면 한다.

평생의 복, 영원의 하나님

구약 시편 48편은 고라자손의 노래로 되어 있다. 그리고 이 시편 14절에서 하나님은 영원히 우리 하나님이시니 그가 우리를 죽을 때까지 인도하시리라고 했다.

시편 84편 1~6절에 기록된 하나님을 향한 고라자손의 신앙을 보면 정말 감동적이다. 주의 제단에서 참새도 제 집을 얻고 제비도 새끼 둘 보금자리를 얻고 주의 궁정에서의 한 날이 다른 곳에서의 천 날보다 낫다는 것이다.

평생의 복, 영원의 하나님이 계신다면 그는 과연 어떤 분이실까?
성경에 나타난 하나님의 존재와 그 속성을 보면
하나님의 존재는 스스로 계시는 분이고,
하나님을 아는 길은 계시Revelation이다.
하나님의 속성Attributer은 전능하신 하나님, 전지하신 하나님, 무소부재하신 하나님, 거룩한 하나님이다.

하나님의 본성God Nature은 삼위일체 되시는 하나님, 인격자 하나님, 살아계신 하나님, 거룩하신 하나님, 영이신 하나님, 창조주 하나님, 유일하신 하나님으로 되어 있다.
하나님의 하시는 일은 창조와 구원이시다.

구약 성경에서 우리에게 나타나 보이신 하나님는
여호와는 우리의 의 / 여호와는 나의 목자 / 여호와는 나의 평강
여호와는 거기 계심 / 여호와는 치료하심 / 여호와는 준비하심
여호와는 나의 깃발로 나타나 있다.

이러한 하나님이 영원히 우리 하나님이시고, 이 하나님이 우리를 죽을
때까지 인도하신다고 하는 고라자손의 신앙을 오늘 우리가 가진다고
하는 것이 얼마나 큰 축복인가를 알아야 한다.

진정 이보다 더 큰 축복이 또 어디에 있겠는가?
그리고 하나님을 믿고 예수를 믿고 사는 사람은
정말 행복한 사람들이다.

병원에서 근무하는 한 호스피스가 자기의 경험을 다음과 같이 이야기
했다. 환자들이 잠을 자면서 혼자 손을 휘저으면 그는 곧 죽는다는 것
이다. 이런 사람들은 신앙이 없고 내세에 대한 확신이 없어서 죽기가
싫어 죽음을 거부하는 행동이라고 했다.

그리고 눈을 뜨고 죽는 사람, 이를 악물고 죽는 사람, 소리소리 지르며
죽는 사람들이 있는데 이런 사람들은 모두가 불안에 죽는 사람들이라
는 것이다.

예수를 믿는 사람들은 하나님의 속성을 잘 알고 그를 믿는 신앙 가운데서 죽어가기 때문에 태연히 평안히 조용히 잠자는 듯 간다고 했다. 의사의 이야기가 아니고 평생을 요양병원에서 환자들과 같이 지내온 한 호스피스의 간증이다.

평생의 복이 있다면 그것은 고라자손의 신앙처럼 곧 하나님은 영원히 우리 하나님이시고 하나님은 영원히 우리를 죽을 때까지 인도하신다고 하는 신앙이다.

요한복음 1장에는 하나님이 인카네이션 하셔서 예수님이 되시고 이 예수님은 우리를 향하여 친구라고 했다. 그리고 사람이 친구를 위하여 자기 목숨을 버리면 이에서 더 큰 사랑이 없다고도 했는데 예수 친구는 나를 위하여 죽어주는 친구다.

나는 어린 시절부터 많은 친구들을 사귀어왔다. 그런데 배반도 많이 당했다. 그리고 지금 80이 된 이 나이에 되돌아보면 도성인신의 예수 외에는 나에게 친구다운 친구는 아무도 없다. 모두모두 자기만의 인생을 살다가 말없이 이 세상을 떠났다.

친구를 위하여 목숨을 버리면 이에서 더 큰 사랑이 없다는 예수만이 계신다. 하나님을 믿고 예수를 친구로 삶아 인생을 살아가는 이 삶이야말로 말로 표현할 수 없는 큰 축복이 아니겠는가?

여러분! 여러분은 인생을 살면서 영원히 자기를 맡길 만한 친구를 가지고 있는가? 이용가치가 있다는 조건에서 사귄 유용성의 친구도 있고, 나에게 기쁨을 준다는 조건에서 맺은 쾌락성의 친구도 있고, 덕스러움이 나보다 더 우월해서 사귄 선덕형의 친구도 있다.

이런 친구는 모두가 세상적이요, 자기중심적이요, 이기적인 생각에서 사귄 친구로서 진정한 친구가 되지를 못된다. 왜냐하면 이런 친구는 내가 죽을 때까지 함께 가는 친구가 아니다. 우리는 영원히 내 인생을 맡길만한 상대가 있을 때 행복해지는 것이다.

그 친구가 곧 예수 그리스도이고, 하나님의 아들 구주인 것이다. 인생 말년에 그 친구 손잡고 살아가면 그가 우리의 영원한 하나님이라 그가 우리를 죽을 때까지 인도하신다고 하는 것이 고라자손의 신앙이다.

하나님은 영원히 우리 하나님이시니 그가 우리를 죽을 때까지 인도하시리라고 하는 신앙이 내 평생의 복이요, 이 복이 영원의 하나님이신 것이다. 하나님의 사랑의 물결이 영원토록 우리의 영혼을 덮을 때 영원의 하나님이 우리평생의 복이 되는 것이다,

이 땅 위의 험한 길 가는 동안 참된 평화가 어디 있나
우리 모두다 예수를 친구삼아 참 평화를 누리겠네
W. G. 쿠퍼의 노래다.

예수 그리스도의 사랑의 물결이 내 영혼을 덮고 내가 주를 의지하면 영원의 하나님이 내 평생의 복이 되는 것이다.

십자가상의 예수

십자가라고 하는 말은 라틴어의 크룩스Crus에서 온 말이다. 그 의미는 고문대라는 뜻이다. 십자가는 인간이 만든 형틀 가운데 가장 참혹한 것이다. 고대 로마인들은 범죄자들을 처형할 때 십자가 형틀을 사용했다. 이 십자가는 예수 그리스도의 고통과 죽음을 나타내는 상징으로도 잘 알려져 있다. 이 형은 그 후 콘스탄틴 황제 때 와서 금지령을 내렸다.

구약 시대에도 적이나 범법자, 하나님을 모독하거나 우상을 숭배한 자들을 처형한 후에 나무에 매달아 두었던 것을 볼 수 있으며, 이는 하나님의 저주라고 할 만큼 치욕적인 것이었다.

옛날 다리오왕의 명령을 보면 누구를 막론하고 명령을 변조하면 그의 집에서 들보를 빼내고 그를 그 위에 매어달게 하고 그의 집은 거름더미가 되게 하라고 했다.

예수님은 구속사업의 성취를 위해서 이 십자가를 지셨다. 예수님은 하나님의 본체시나 하나님과 동등 됨을 취할 것으로 여기지 아니하시고 오히려 자기를 비워 종의 형체를 가지사 사람들과 같이 되셨다.

그는 사람의 모양으로 나타나사 자기를 낮추시고 죽기까지 복종하셨
으니 곧 십자가에 죽으심이라고 했다. 여기 예수 그리스도는 구속사업
으로 이 십자가를 지셨다.

예수 십자가상의 7언

1. 용서의 기도로—아버지 저들을 사하여 주옵소서.
2. 낙원의 약속으로—오늘 네가 나와 함께 낙원에 있으리라.
3. 혈육의 정으로—여자여 보소서. 아들이니이다.
4. 인간의 절규로—어찌하여 나를 버리셨나이까.
5. 육신의 고통으로—내가 목마르다.
6. 승리의 선언으로—다 이루었다.
7. 구원의 완성으로—내 영혼을 아버지 손에 부탁하나이다.

예수 십자가를 지심으로 일어난 사건

성전의 휘장이 찢어졌다.
무덤이 열렸다.
하나님의 아들임을 증거 했다.

예수 십자가를 지심으로 성취된 예언

제자들에게 배척을 당했다.
은 삼십에 팔렸다.
심문을 당했다.
강도와 같이 못 박혔다.
옆구리를 창에 찔렸다.
신 포도주를 마시게 했다.

의복을 제비뽑았다.
다리뼈를 꺾지 아니했다.
부자무덤에 장사 되었다.

예수 십자가를 지는 이유
인간 구원에 있다.
십자가로 우리가 하나님과 화목하게 하려 하심이다.
원수 된 것을 십자가로 소멸하셨다.
우리에게 평안을 주셨다.
둘이 한 성령 안에서 아버지께 나아감을 얻게 하려 하심이다.

이제 당신의 입에서 이런 찬송이 나왔으면 한다.
예수 나를 위하여 십자가를 질 때
세상 죄를 지시고 고초당하셨네
예수님 예수님 나의 죄 위하여
보배피를 흘리니 죄인 받으소서

십자가상의 예수,
나를 위하여 지금도 보배피를 흘리고 있는 것이다.

예수부활의 긍정과 부정

성서는 예수 그리스도가 인류를 죄악에서 구원하기 위해 이 세상에 온 구세주로 잘 설명하고 있다. 목수 요셉의 약혼녀인 동정녀 마리아에게 성령으로 잉태되어 베들레헴 구유에서 태어났다.

30세 때 세례 요한으로부터 세례를 받은 후, 많은 기적을 행하시면서 사람들에게 여호와의 심판이 임박하였음을 알렸다. 그리고 많은 사람으로 하여금 회개할 것을 촉구하고 복음을 전파하였다.

그러나 신의 아들을 자처하는 그의 활동에 반감을 가진 유대교 지도자들에 의해 로마 총독에게 고발되어 골고다 언덕에서 십자가에 못 박혀 죽었다. 그런데 그가 사후에 다시 살아났다는 사실에 대해서는 부정과 긍정이 있다.

유대교 지도자들을 비롯한 예수 그리스도를 반대하는 사람들은 부활을 부정하고, 따르는 제자와 무리들은 긍정을 하는 것이다. 예수 그리스도의 부활을 부정하는 학설들을 보면 그들은 부활을 확신하고 있으면서도 덮어보려는 꼼수로 보인다.

예수 부활을 부정하는 6가지 설

가사설: 예수가 죽지 않고 실신해서 다시 소생했다는 설

도거설: 예수의 시체를 훔쳐놓고 다시 살았다고 하는 설

환상설: 환상의 예수를 보고 살아났다고 하는 설

유령설: 육체가 아닌 유령의 예수를 보고 살아났다고 하는 설

지진설: 지진이 나서 예수의 시체가 없어졌다고 하는 설

거짓설: 예수의 제자들이 거짓말로 예수가 살았다고 하는 설

이런 학설이 난무하지만 세월이 흐르면서 사람들이 그리스도의 부활은 부정하고 조롱해도 예수의 부활은 더욱 확실해져만 갔다. 그것은 많은 사람들이 박해를 받아 죽어가면서도 예수를 믿기 때문이다.

예수 부활의 긍정이유

예수 그리스도의 부활의 확실성을 말하는 사람들은 무덤의 인봉한 돌이 굴러지고 부활한 예수님을 만났기 때문에 가슴속에 넘치는 확신을 가지고 있었다.

그리고 무덤에서 부활한 예수 그리스도가 단 한번 나타나 보이신 것도 아니고 12번이나 나타나 보이셨다. 만난 사람들을 보면 개인적으로도 만나고 무리들도 만나고 문도들에게도 나타나셨다.

부활한 예수를 만난 사람들

막달라 마리아 (막 16:9)

12제자들 (고전 15:5)

예수의 제자 베드로 (고전 15:5)

엠마오로 가는 두 제자 (눅 24:15)
예수님의 제자들 (요 20:19)
예수의 제자 도마 (요 20:19)
예수의 7제자 (요 21:1)
예수의 11제자 (막 16:16)
500여문도 (고전 15:16)
예수의 11제자 두 번째 (눅 24:33)
예수의 제자 야고보 (고전 15:7)
사도 바울 (고전 15:8)
이렇게 부활한 예수 그리스도는 여러 번을 사람들에게 나타나 보이셨다.

예수 부활의 4대 의미
하나님의 아들이심을 우리에게 증명하는 것이다.
우리 구원의 보증이 되는 것이다.
우리 부활의 확실성이다.
우리를 승리로 이끄심이다.

예수 그리스도의 부활의 부정은 예수 그리스도의 부활 사실을 덮어보려는 계획에서 출발했기 때문에 부정하면 부정할수록 긍정의 사실이 더해진다.

예수부활의 긍정과 부정이다.

신망애가 살아있는 교회

바울은 데살로니가 교회에 보낸 편지에서 너희의 믿음의 역사와 사랑의 수고와 우리 주 예수 그리스도에 대한 소망의 인내를 우리 하나님 아버지 앞에서 끊임없이 기억함을 칭찬했다.

칭찬을 받는 교회란 어떠한 교회일까? 그 열매가 있어야 한다.
믿음에는 역사가 나타나야 하고
사랑에는 수고가 동반되어야 하며
소망에는 인내가 있어야 하는 것이다.

신망애가 살아있는 교회의 구체적인 그 역사를 살펴보면
1. 믿음의 역사가 있는 교회이다. 마가복음 7장에는 역사를 나타내는 믿음의 사람을 볼 수가 있다. 예수께서 두로의 지방 한 가정에 갔다. 헬라인이요 수로보니게 족속인 한 여자가 귀신들린 자기 딸을 고쳐달라고 했다. 이때 예수님은 자녀의 떡을 취하여 개들에게 던짐이 마땅치 아니하다고 했다.

이때 수로보니게 여자가 대답을 했다. "주여 옳습니다마는 상아래 개들도 아이들이 먹던 부스러기를 먹습니다." 이 말에 감탄한 예수님은 돌아가라 귀신이 네 딸에게서 나갔느니라고 하셨다. 믿음에는 이런 역사가 나타나는 것이다.

우리가 하나님을 의지하고 용감하게 행하리니 그는 우리의 대적을 밟으실 것임이라는 시편 60편12절 말씀에 의지하여 노래한 복음성가 가사를 보면

할 수 있다 하신 이는 나의 능력 주 하나님
의심 말라 하시고 물결 위를 걸어라 하시네
할 수 있다 하신 주, 할 수 있다 하신 주
믿음만이 믿음만이 능력이라 하시네 라고 했다.
믿음에는 능력의 역사가 있어야 한다.

1867년 R. 로우리 목사가 작곡한 찬송가 가사에서도
울어도 못하네,
힘써도 못하네,
참아도 못하네,
믿으면 되겠네 라고 찬양했다.
믿음이 역사를 창출하는 것이다.
사도 바울이 데살로니가 교회를 칭찬한 이유가 여기에 있다.

2. 사랑의 수고가 있는 교회이다. 누가복음 10장25절에 수고를 동반하는 사랑의 사람을 볼 수가 있다. 어떤 율법교사가 예수를 시험하여 말했다. "선생님, 내가 무엇을 하여야 영생을 얻겠습니까?"

이 질문에 예수님은 율법에 무엇이라고 기록되었으며 네가 어떻게 읽느냐? 이 질문에 율법사는 네 마음을 다하고 목숨을 다하며 힘을 다하며 뜻을 다하여 주 너의 하나님을 사랑하고 또한 네 이웃을 네 자신 같이 사랑하라 하였습니다. 예수께서는 네 대답이 옳다 하시고 이를 행하라고 했다.

율법사는 또 물었다. "내 이웃이 누구입니까?" 이때 예수님께서는 여리고 도상의 강도 만난 자를 이야기 하면서 너도 사마리아 사람처럼 자비를 베푸는 사람이 되라고 했다. 여기에 나타난 사마리아 사람이 사랑에 수고를 동반하는 사람이다.

오늘 우리가 네 이웃을 위해서 수고를 동반한 것이 없으면서 나는 내 이웃을 사랑한다고 하는 사람들은 거짓말쟁이다. 예수님께서 율법사에게 가서 너도 사마리아 사람같이 하라는 말씀은 오늘 우리들에게도 실천을 요구하는 말씀이다. 사랑에는 수고가 따라야 한다.

3. 소망의 인내가 있는 교회이다. 디모데후서 2장에는 인내를 동반한 소망의 사람들을 볼 수가 있다.

군인의 모습이다: 군인을 모집한 자를 기쁘게 해야 한다. 예수 그리스도의 좋은 병사는 강하고 또 함께 고난을 받을 줄 알아야 한다. 군인은 나라사랑하는 눈물과 땀과 피를 흘려야 한다. 이런 것이 없이 나는 십자가의 군병이라는 말을 해서는 안 된다. 옛날 로마군인은 세계를 제패했다. 군인은 전적 헌신과 절대 복종과 용기가 그 생명이다.

경기자의 모습이다: 경기하는 자는 목표를 향해서 법대로 경기를 해야 한다. 법대로 경기하지 아니하면 승리자의 면류관을 얻을 수가 없다. 이 법은 타의가 아닌 자기 스스로 지켜야 한다. 법을 지키지 아니하면 실격패가 된다. 경기자는 금메달을 따고 면류관을 써야 한다. 경기자는 훈련을 해야 한다. 경기자는 복장이 간단해야 한다. 경기하는 자는 반칙이 없어야 한다.

농부의 모습이다: 농부는 이른 비와 늦은 비를 기다린다. 기다림이 없는 농부는 절대로 열매를 거둘 수가 없다. 배추씨 하나를 심어도 두 달은 기다려야 하고 인삼은 7년을 기다려야 한다. 농부는 풍성한 수학을 거두어야 한다. 농부는 부지런해야 한다. 농부는 이른 비와 늦은 비를 슬기롭게 기다려야 한다. 농부는 결실을 거둘 때까지 인내해야 한다. 그리고 수고하는 농부가 곡식을 먼저 받는 것이 마땅하다고 했다.

바울은 우리가 인정받는 군인, 경기자, 농부가 되기를 원한다. 진리의 말씀을 옳게 분별하며 부끄러울 것이 없는 일꾼으로 인정된 자로 자신을 하나님 앞에 드리기를 힘쓰는 사람이 되라고 강조한다.

망령되고 헛된 말을 버려야 하며 경건해야 한다. 귀히 쓰는 그릇이 되어야 하고 거룩하고 주인의 쓰심에 합당하고 모든 선한 일에 준비함이 있어야 함을 강조한다.

우리도 자기 생활에 얽매이지 않는 군인, 법대로 경기하는 경기자, 땅에서 나는 귀한 열매를 바라고 길이 참는 농부같이 주께서 강림하시기까지 길이길이 참는 성도가 되었으면 한다. 이런 자세가 언제 오실지도 모르는 예수 그리스도의 재림을 기다리는 성도들의 자세다.

우리는 마음을 굳건하게 하여 주의 강림을 기다려야 한다. 성서는 인내하는 자를 복되다고 했다. 욥의 인내가 주는 교훈처럼 우리도 주의 재림을 인내로 기다려야 한다. 믿음의 역사와 사랑의 수고와 소망의 인내가 살아있는 성도가 되었으면 한다.

믿음과 소망과 사랑, 이 세 가지는 삼각형의 내각과 같아서 서로가 헤어질 수가 없는 것이다.

비아돌로사 800m길

오늘날 많은 기독교 신자들은 성지 이스라엘을 여행한다. 그리고 여행을 하다보면 꼭 비아돌로사 800m길을 걷는다. 그러면서도 이 길이 어떤 의미의 길인지는 잘 모른다. 성서에 나타난 이 길을 살펴보면 다음과 같은 사실을 알 수 있다.

마가복음 15장16~39절에는 군인들이 예수를 끌고 브라이도리온이라는 뜰 안으로 들어갔다. 그리고 온 군대를 모으고 예수에게 자색 옷을 입히고 가시관을 엮어 씌우고 갈대로 그의 머리를 치며 침을 뱉으며 희롱을 했다. 그 후 자색 옷을 벗기고 도로 그의 옷을 입히고 십자가에 못박으려고 끌고 나갔다고 했다.

여기에서 말하는 브라이도리온은 장군의 막사로써 빌라도 법정의 뜰이다. 그리고 비아돌로사의 길은 예수 그리스도가 본디오 빌라도에게 재판을 받는 곳으로부터 시작하여 십자가를 지고 800m의 길을 가서 골고다 산상에서 십자가 처형에 이르기까지의 전 과정을 말하는 것이다.

이 예수 그리스도 수난의 길은 복음서에 나타난 역사적인 길이라기보다는 순례자들의 신앙적인 길로써 14세기 프란시스컨 수도사들에 의해서 정해진 것인데 오늘날 성지순례자들이 걷는 도상의 14개 장소는 18세기에 와서 정해지고 19세기 이후에 발굴을 통해서 비로소 확정되었다고 한다. 이 도상에는 14개의 기념장소가 있다.

1. 브라이도리온이다. 예수 그리스도가 재판을 받으신 빌라도의 법정이다. 현재 이곳에는 선교교회가 서 있다. 이곳이 비아돌로사길의 출발점이다.

2. 십자가를 지신 곳이다. 예수님에게 자색 옷을 입히고 가시관을 씌우고 홍포를 입히고 희롱을 한 후 십자가를 지게 한 곳이다.

3. 예수 쓰러진 곳이다(1). 예수님이 십자가를 지고 가다가 처음 쓰러진 곳이다. 이곳에는 1856년에 세워진 아르메니안 교회가 서 있다. 예수 그리스도가 진 십자가의 무게나 그 모양에 대해서는 알 길이 없다.

4. 만남의 장소다. 성모마리아가 슬퍼하며 예수 그리스도를 만나는 만남의 장소이다.

5. 구레네 시몬이 십자기를 진 곳이다. 예수 그리스도의 십자가를 구레네 시몬이 대신 지고 간 장소다. 여기에는 1895년에 세워진 프란시스컨 교회가 있다.

6. 예수님의 얼굴을 닦은 곳이다. 베르니카 여인이 예수님 얼굴의 땀을 닦아드렸는데 그 손수건에는 예수님의 얼굴이 새겨졌다는 전승이

내려온다. 외경이라고 해도 우리는 이것을 신앙으로 받아들였으면 한다. 이곳에는 1882년에 그 기념교회가 세워졌다.

7. 예수 쓰러진 곳이다(2). 예수님이 두 번째 쓰러진 곳이다. 1875년에 이곳에 두 개의 예배소가 세워졌다.

8. 예수님이 예루살렘 여인들을 만난 곳이다.

9. 예수 쓰러진 곳이다(3). 예수 그리스도가 세 번째 쓰러진 곳이다. 이 곳에는 콥틱교회가 세워져 있다.

10. 군병들이 예수 그리스도의 옷을 벗긴 곳이다.

11. 예수 그리스도가 십자가에 못 박히신 곳이다.

12. 예수 그리스도가 십자가에서 운명하신 곳이다.

13. 아리마대 부자요셉이 예수 그리스도의 시신을 내린 곳이다.

14. 무덤에 예수님을 장사한 곳이다.

10지점부터 14지점까지는 처형의 장소 골고다 언덕으로써, 지금의 성묘교회 안에 있다.

비아돌로사! 이 길이 예수 그리스도가 본디오 빌라도에게 사형 판결을 받고 십자기를 지시고 골고다 산상에까지 가서 운명하고 그리고 무덤에 장사되기까지의 길이다.

주님께서 걸어가신 이 비아돌로사길을 이제는 오늘 우리 모두가 가야할 길이다. 이 길을 가는 자만이 예수 그리스도의 부활에 동참할 수 있는 성도가 될 수 있다.

골짜기 외로운 길 우리 주님 가신 길,
나도 이 길을 가야 한다.
내주님 지신 십자가 우리도 져야 한다.
뉘게나 있는 십자가 내게도 있다.

비아돌로사Viadolorsa 800m길이다.

한센병자의 교훈

누가복음 17장에는 예수님으로부터 깨끗함을 받은 열 한센병자의 이야기가 기록되어 있다. 그 중에서 사마리아인 한 사람만이 자기 병고침에 놀라 큰 소리로 하나님께 영광을 돌리며 예수의 발아래에 엎드리어 감사를 했다고 했다.

우리는 이 사건 속에서 9대 1의 인생을 살아간 한센병자가 주는 교훈을 찾아보았으면 한다. 여기 한 한센병자는 교만의 유대인이 아니고 겸손의 사마리아인이다. 자기 곳으로 가지 아니하고 예수님께로 왔다.

배은망덕 하지 아니하고 은혜를 아는 사람이이다.
침묵하지 아니하고 큰소리로 하나님께 영광을 돌리는 사람이었다.
은혜에 자기표시를 할 줄 아는 사람이다.
감사의 표현으로 주님께 사례를 했다.

이렇게 해서 이 한센병자는 믿음에 대한 칭찬을 받고 주님께 인정을 받는 사람이 되었다. 우리는 여기서 한 사람만이 구원의 열매를 맺은 것을 본다. 우리가 서야할 자리도 바로 이 한센병자가 선 자리다.

예수를 믿고 구원을 받은 사람들에게 나타나는 신앙적인 삶의 현상을 살펴보면,

항상 사람보다도 하나님을 더 두려워한다.
육신의 일보다는 하나님의 일을 더 먼저 생각한다.
육체의 일보다는 영원한 생명을 목표로 하고 살아간다.
세상의 떡이나 음료보다는 하나님의 말씀과 영생수를 더 좋아한다.

세상의 괴로움 속에서도 늘 하나님 나라와 그 의를 바라보고 즐거워하며 살아간다.
세상에 재물을 쌓아 두는 것보다 하늘나라 천국 창고에 쌓아두는 것을 더 좋아한다.
먹고 마시는 일은 늘 주님을 위해서 한다.
생명이 살아있는 한 언제 어디서든지 항상 복음을 전한다.
생명 다하도록 부름의 상을 위하여 늘 인내, 사랑, 봉사, 희생에 살아간다.

이런 사람을 성서는 거듭난 사람이요, 새사람이라고 부른다. 우리도 이렇게 살아야 한다.

인간은 곧잘 예수 그리스도의 기적에 의심을 하기도 하고,
지나치게 신중할 때가 있고,
회의론에 빠질 때가 있고,
물질주의에 사로잡히기도 하고,
공짜 근성에서 벗어나지 못하며,
예수의 초능력을 상대화 해버리기도 한다.

그러나 인간은 인간의 모습 그대로 자기의 실존을 가지고 주께 나아가야 한다. 여기 9대1의 삶을 살아간 한센병자같이 말이다. 주님만을 위해서 사는 성숙한 삶이란 환난이 와도, 고통이 와도, 괴롬이 와도, 슬픔이 와도, 핍박이 와도, 죽음이 와도 주님만을 위해서 사는 삶이다. 이것이 9대1의 삶이요, 주께 드리는 삶이다.

베드로후서 1장5~7절에는 예수 그리스도를 따라가는 성도의 삶이 잘 기록되어 있다.
여러분은 열성을 다하여 믿음에 미덕을 더하고,
미덕에 지식을, 지식에 절제를,
절제에 인내를, 인내에 경건을,
경건에 교우끼리의 사랑을,
교우끼리의 사랑에 만민에 대한 사랑을 더하라고 했다.

믿음은 하나님을 성스러운 존재로 신뢰하고 절대복종하는 것이다.
미덕은 도덕적으로 바르게 사는 아름다운 일이다.
지식은 지혜와 견식을 아울러 이르는 말이다.
절제는 정도를 넘지 않도록 알맞게 조절하거나 제어함이다.

인내는 괴로움이나 어려움 따위를 참고 견딤이다.
경건은 무엇을 소중히 받들고자 하는 것으로 엄숙 하는 것이다.
사랑은 다른 사람을 애틋하게 그리워하고, 열렬히 좋아하는 마음이며 아끼고 즐기는 마음이다.

한센병자에게서 배운다.

떡집의 떡

누가복음 2장에는 예수 그리스도의 탄생 소식이 잘 기록되어 있다. 가이사 아구스도가 영을 내려 천하로 다 호적을 하라고 명했다. 그래서 모든 사람이 호적을 하기 위해서 모두 자기고향으로 갔다.

요셉도 다윗의 집 족속인지라 갈릴리 나사렛에서 베들레헴으로 정혼한 마리아와 같이 호적 하러 가는데 이때 이미 마리아는 잉태되어 있었다.

해산할 날이 찼으나 여관에는 있을 곳이 없었다. 아들을 낳아 강보로 싸서 말구유에 뉘었다. 이때 천사가 전해주는 예수 탄생의 소식을 목자들이 들었다

오늘 다윗의 동네에 너희를 위하여 구주가 나셨으니 곧 그리스도 주시니라 지극히 높은 곳에서는 하나님께 영광이요 땅에서는 하나님이 기뻐하신 사람들 중에 평화라고 했다.

이 베들레헴은 요르단 강 서안에 있는 작은 도시다. 베들레헴이라고 하는 그 이름의 뜻은 벧Beth은 집이고, 레헴Lehem은 떡이다. 곧 떡집 또는 빵집이란 뜻이다.

그런데 요한복음 6장35절에 보면 예수님께서는 자기가 생명의 떡이라 했고, 요한복음 6장48절에서 예수는 생명의 떡이라고 했다. 그렇다면 구유에 뉘인 예수 그리스도 그 구유는 떡 그릇이고 예수 그리스도는 생명의 떡인 것이다.

우리는 해마다 부활절과 성탄절 되면 교회에서 성례식을 한다. 이때마다 우리는 성찬과 성례식의 의미를 잘 알았으면 한다.

요한복음 1장1~14절에는 성탄의 의미가 잘 기록되어 있다. 태초에 말씀이 계시니라고 했다. 그리고 이 말씀이 곧 하나님이라는 것이다. 이 말씀이 인카네이션 하여 베들레헴 떡집 말구유 안에 뉘인 아기예수가 되었다. 그가 곧 하나님이요 빛이요 생명의 떡인 것이다.

성탄일은 말씀의 하나님이 인간 예수로 곧 우리의 생명 떡으로 오셨다. 그래서 성례식에서의 떡은 베들레헴 말구유에서 생명의 떡으로 오신 인카네이션 하신 예수 그리스도의 몸을 말하는 것이다.

예수님은 말씀하신다. 인자의 살을 먹지 아니하고 인자의 피를 마시지 아니하면 너희 속에 생명이 없다. 내 살을 먹고 내 피를 마시는 자는 영생을 가졌고 마지막 날에 내가 그를 다시 살리시리라고 하셨다. 성찬의 의미가 여기에 있다.

다윗의 동네 베들레헴 말구유에 뉘인 아기 예수가 곧 그리스도시다. 그 예수가 떡집의 떡 곧 생명 떡이고, 성찬의 떡과 잔이 주께서 우리에게 주시는 영생하는 양식이며, 우리가 마시는 잔이 되는 것이다. 이 떡을 먹고 이 잔을 마시면서 영생하는 진리를 우리 모두가 잘 알았으면 한다.

우리 모두 성탄에 이 기쁨의 노래를 했으면 한다.

거룩한 밤 복된 이 밤 별들은 빛나고 땅은 고요해
언덕들과 숲에 싸인 작은 고을 베들레헴서
아기예수 구유에 자네

우리 모두 성찬에 감사의 노래를 했으면 한다.

우리 다 같이 무릎 꿇고서(꿇고서)
주의 몸인 이 떡을 땝시다(땝시다)
우리 주 앞에서 무릎을 꿇을 때
자비를 베푸소서

베들레헴 떡집의 떡, 구유안의 생명의 떡이 하나님이 세상을 이처럼 사랑하사 우리에게 보내신 구세주 예수 그리스도시다.
그래서 하나님께는 영광이 되고 사람에게는 기쁨이 되는 것이다.

선택이 운명을 결정한다

성서에는 10가지 대조comparison의 이야기가 기록되어 있다. 여기 인생 삶의 두 길잡이에서 당신의 선택이 당신의 운명을 결정한다. 우리 모두는 이 두 가지 중에서 꼭 하나를 선택해야만 한다. 어느 것을 선택하는가는 당신의 자유이고 꼭 하나를 선택하는 것은 의무다.

1. 두 문門이다. 하나는 좁은 문이고, 하나는 넓은 문이다.
좁은 문은 생명의 문이다.
혼자만이 들어가는 문이다.
영광의 문이다.
영생의 문이다.
빈손에 예수만 바라보고 들어가는 문이다.

넓은 문은 사망의 문이다.
여럿이서 같이 들어갈 수 있는 문이다.
멸망의 문이다.
어깨에 짐 지고 들어가는 문이다.
손에 짐 들고 들어가는 문이다.
평안히 자기 마음대로 들어가는 문이다.

성서는 말한다. 좁은 문으로 들어가라 멸망으로 인도하는 문은 크고 그 길이 넓어 그리로 들어가는 자가 많고 생명으로 인도하는 문은 좁고 길 이 협착하여 찾는 이가 적음이라.(마7:13)

2. 두 길路이다. 하나는 좁은 길이고, 하나는 넓은 길이다.
좁은 길은 생명의 길이다.
골짜기 외로운 길이다.
골고다 산상으로 가는 길이다.
생명으로 인도하는 길은 좁고 길이 협착하여 찾는 자가 적다고 했다.
이 길은 주님이 걸어가신 길이고, 예수님이 사셨던 나사렛 마을길이다.

넓은 길은 사망의 길이다.
멸망으로 가는 길이다.
길이 넓어 그리로 들어가는 자가 많은 길이다.
넓은 길은 갈릴리 부자들의 길이다.
가이사랴 빌립보 부자들의 길이다.
성서는 좁은 길로 가라고 교훈한다.

3. 두 뜻意이다. 하나는 자기 목숨을 잃으면 얻고, 하나는 자기 목숨을 살리려면 잃는다는 뜻이다.
성서는 말한다.
누구든지 제 목숨을 구원하고자 하면 잃을 것이요
누구든지 제 목숨을 잃으면 찾으리라고 했다.
사람이 만일 온 천하를 얻고도 제 목숨을 잃으면 무엇이 유익하리요 무 엇을 주고 제 목숨과 바꾸겠느냐 라는 것이다.

4. 두 집窑이다. 하나는 반석 위에 세운 집이고, 하나는 모래 위에 세운 집이다.

반석 위에 세운 집은 예수님의 말씀을 잘 듣고 행하는 자의 집이고, 모래 위에 지은 집은 예수님의 말씀을 듣고도 행하지 아니하는 자의 집이다.

그래서 모래 위에 지은 집은 어리석은 사람 같아서 비가 내리고 창수가 나고 바람이 불어 그 집에 부딪치면 무너져 그 무너짐이 심하다고 했다. 그러나 반석 위에 세운 집 무너지지 아니한다는 것이다.

5. 두 보배寶이다. 하나는 하늘에 있는 보배이고, 하나는 땅에 있는 보배이다.

성서는 말한다. 너희를 위하여 보물을 땅에 쌓아 두지 말라. 네 보물이 있는 곳에는 네 마음도 있다. 오직 너희를 위하여 보물을 하늘에 쌓아 두라고 했다.

6. 두 주인主이다. 하나는 하나님을 주인으로 섬기는 사람이고, 하나는 재물을 주인으로 섬기는 사람이다.

성서는 말한다. 한 사람이 두 주인을 겸하여 섬기지 못할 것이니 혹 이를 미워하고 저를 사랑하거나 혹 이를 중히 여기고 저를 경히 여김이라 하시고 너희가 하나님과 재물을 겸하여 섬기지 못한다는 것이다. 우리는 하나님을 주인으로 섬겨야 한다.

7. 두 사람人이다. 하나는 자기를 낮추는 사람 세리이고, 하나는 자기를 높이는 사람 바리새인이다.

세리는 나는 죄인이로소이다 라고 했고, 바리새인은 서서 기도하며 나는 세리와도 같지 아니함을 감사한다고 말했다. 성서는 무릇 자기를 높이는 자는 낮아지고 자기를 낮추는 자는 높아지리라는 것이다.

8. 두 빚償진자이다. 하나는 자기 빚을 용서하는 종이고, 하나는 자기 빚을 용서하지 못하는 종이다.
용서하지 못하는 종은 용서받지 못 한다.

9. 두 소욕所欲이다. 하나는 성령의 소욕이고, 하나는 육체의 소욕이다.
성경에서 너희는 성령을 따라 행하라고 했다.

10. 두 신神이다. 하나는 여호와 하나님이시고, 다른 하나는 우상 바알 신이다.
선지자 엘리야가 모든 백성에게 가까이 나아가 말했다. 너희가 어느 때까지 둘 사이에서 머뭇머뭇 하려느냐 여호와가 만일 하나님이면 그를 따르고 바알이 만일 하나님이면 그를 따르라고 했다.
여호수아는 오늘날 너희는 섬길 자를 택하라 나와 내 집은 여호와를 섬기겠노라 라고 했다.(수24:15)

이제 이 10가지 대조에서 당신은 하나를 선택해야만 한다.
당신의 선택이 당신의 운명을 결정한다.
골고다 골짜기 외로운 길 주님은 이 길을 걸어갔다.
영생을 얻으려면 당신도 이 길을 가야 한다.

우리가 보기에 쉬운 길 보다는 예수 그리스도를 본받아 십자가를 지고 예수를 따르는 좁은 길, 좁은 문으로 들어가고, 반석 위에 세운 집이 되며, 하나님을 주인으로 섬기고, 보물을 하늘에 쌓아두고, 성령의 소욕을 따라 사는 우리 모두가 되었으면 한다.

오늘도 무거운 짐진자들 모두오라 하시고, 고달파 지친 자 내게 와 쉬라 하시는 예수님. 이 예수를 택하면 바른 선택이 되는 것이다.

당신의 선택이 당신의 운명을 결정한다.

대화가 영의 눈을 뜨게 한다

누가복음 24장에는 엠마오로 내려가는 두 제자의 이야기가 있다. 이들은 내려가면서 서로가 대화를 했다. 이때 부활하신 예수님께서 나타나 같이 동행을 했다. 그러나 그들의 눈이 가리어져서 그들은 예수님인 줄을 모른다.

예수님은 말씀하셨다. "너희들이 길 가면서 서로가 주고받는 이야기가 무엇이냐?" 이 질문에 그들은 나사렛 예수의 일이라고 했다.

그는 하나님과 모든 백성 앞에서 말과 일에 능하신 선지자이고 이스라엘을 속량할 자로 바랐다는 것이다. 그런데 대제사장들과 관리들이 그를 사형 판결에 넘겨주어 십자가에 못 박았다는 것이다.

이때 예수님께서 말을 했다. 미련하고 선지자들이 말한 모든 것을 마음에 더디 믿는 자들아 그리스도가 이런 고난을 받고 자기의 영광에 들어가야 할 것이 아니냐 하시고 모세와 모든 선지자의 글로 시작하여 성경에서 자기에 관한 모든 것을 자세히 설명해 주었다.

영의 눈이 밝아진 제자들은 곧 일어나 예루살렘으로 돌아갔다. 대화는 이렇게 눈을 뜨게 하고 주님을 알아보게 하는 힘이 있는 것이다.

요한복음 3장에는 예수와 니고데모의 대화가 기록되어 있다. 바리새인 중에 니고데모라 하는 사람이 있었다. 그는 유대인의 지도자요 산헤드린의 공회원이었다.

그는 밤에 예수님을 찾아가서 같이 대화를 했다. 이때 예수님은 사람이 거듭나지 아니하면 하나님의 나라를 볼 수 없다고 했다.

바리새인인 이 니고데모는 대화를 통해서 변화를 받았다. 자기 동료들에게 예수를 변호하는 사람이 되었고 예수님께서 세상을 떠날 때에는 몰약과 침향을 가져오는 사람이 되었다.

요한복음 4장에는 예수님과 사마리아 여자와의 대화가 기록되어 있다. 예수님과의 대화 속에서 이 여자는 영안이 밝아지고 물동이를 버려두고 동네로 들어가서 사람들에게 내가 메시아를 만났다고 했다. 예수님과의 대화를 통해서 눈을 뜬 이 여자의 증언에 많은 사마리아인이 예수를 믿었다.

성서란 하나님과 인간의 대화록이다. 성서를 읽으면 인간이 눈을 뜬다. 성서는 구원의 이야기로 가득 차 있다. 우리도 많은 사람들과의 대화를 통해서 눈을 뜨게 해야 한다.

이야기로 눈을 뜨게 하면 그 사람은 또 하나의 증언자가 된다. 이렇게 해서 복음은 예루살렘과 유다와 사마리아와 땅 끝까지 전파되어 나가는 것이다.

진지한 이야기는 우리로 하여금 마음에 공감을 준다. 이야기란 제대로 모르고 있던 사물의 본질이나 진리 따위의 숨은 참뜻을 이해할 수 있게 하는 힘이 있다. 그리고 모두의 삶속에서 축제를 가져오는 것이다.

엠마오로 내려가는 제자들이 눈을 뜰 때 예루살렘으로 올라가고,
유대인의 지도자요 산헤드린의 공회원인 니고데모가 눈을 뜰 때 예수를 변호하는 사람이 되고,
수가 성 우물가의 사마리아 여인이 눈을 뜨면 메시야를 증거 하는 사람이 된다.

눈을 뜨게 하는 대화, 우리도 예수와 같이 대화를 하면
눈이 밝아지고
우리의 삶이 달라진다.

대화가 영의 눈을 뜨게 한다.

교회는 핸들이 없다

핸들handle이란 기계나 비행기, 자동차, 선박 따위에서 그것을 운전하거나 조종하거나 작동시키는 자판이나 손잡이를 이르는 말이다. 운전자는 핸들을 꼭 잡아야 한다. 그런데 성서에는 핸들이 없는데도 제 갈 길을 제대로 찾아가는 운송기구가 있다.

1. 방주. 창세기 6장14절에는 하나님은 노아에게 방주를 만들라고 지시를 했다. 하나님의 지시에 노아는 120년에 걸쳐 대홍수를 앞두고 큰 방주를 만들었다. 그런데 이 큰 방주 안에는 노櫓도 없고, 돛대도 없고, 삿대도 없고, 핸들도 없다. 떠가는 대로 움직이는 배다. 그래도 노아의 여덟 식구와 짐승들은 모두가 대홍수에서 무사히 구원이 되었다. 이 방주는 핸들(키)이 없는 큰 구원선이다.

2. 갈상자. 출애굽기 2장3절에는 아므람과 요게벳이 출산한 아기 모세를 바로의 통치 밑에서는 더 기를 수가 없자 생각다가 갈상자를 만들어 역청을 칠하고 거기에 아기 모세를 담아 나일강변에 버렸다. 이 갈상자에도 돛도 없고, 키도 없고, 삿대도 없다. 핸들이 없어도 아기 모세는 무사히 바로 궁전으로 잘 갔다. 이 갈상자는 핸들이 없는 작은 구원선이다.

3. 법궤. 출애굽기 25장 10절에는 모세가 금으로 법궤를 만들었다. 이 법궤의 어원은 곧 테바tebah로써 방주나 갈상자와 같은 동의어로 되어 있다. 이 속에는 하나님이 이스라엘 민족과 맺은 약속 문서가 들어있다. 곧 십계명의 두 돌판과 만나를 담던 그릇과 아론의 싹 난 지팡이다.

두 돌판 십계명은 구약을 대표하는 하나님의 말씀이고, 하나님의 주권이고, 하나님의 통치이다. 만나를 담던 그릇은 생명의 떡 그릇으로써 신약을 대표하는 하늘의 양식이요 생명떡인 예수 그리스도이며, 아론의 싹 난 지팡이는 죽어도 다시 사는 부활로써 거룩한 성령의 다이나믹한 힘을 말한다. 이 법궤는 하나님의 임재를 뜻하는 것이다. 이 법궤에도 핸들이 없다. 하나님이 임재하고 계시기 때문이다.

4. 십자가(교회). 마가복음 15장에서 예수는 십자가에 달렸다. 그런데 예수님이 달린 십자가 위에는 핸들이 없다. 고린도전서 10장 32절에는 교회를 그리스도의 몸, 하나님의 전이라고 했다. 십자가는 죄 없으신 예수 그리스도가 인간의 죄를 속량하기 위해서 달리신 형틀이고 교회는 구원의 방주이다. 교회 십자가 위에는 핸들이 없다.

핸들이 없다는 이 말은 무엇을 의미하는가? 이 말은 교회의 주인은 인간이 아니고 하나님 자신이라는 뜻이다. 갈상자, 방주, 법궤, 십자가(교회), 이 모두는 구원자 예수님을 예표한 것이고 핸들은 성령하나님이 직접 잡고 계신다는 것이다. 문제는 이 모두에는 키도 없고, 노도 없고, 삿대도 없고, 운전대도 없고, 핸들이 없어도 불구하고 가야할 방향으로 잘도 가는 것이다. 그 이유는 성령이 핸들을 쥐고 있다는 사실이다.

당신이 하나님의 전이라면 없는 핸들을 잡으려고 하지 말고 성령의 지시를 받으며 살아가면 된다. 오늘날 교회목사님들은 성령님이 가지신 운전대를 빼앗아 자기가 운전을 한다. 그래서 교회의 문제가 생기고 싸움이 벌어진다.

누구든지 자기가 교회의 주인이라고 주장하는 사람과 나 없으면 교회가 안 된다고 하는 사람은 자기가 하나님이라고 하는 정신 나간 사람이다. 교회는 핸들이 없다.

정신병원에 있는 한 사람이 씽 웃으면서 말을 했다.
나는 나폴레옹이다. 이 세상에서 내가 최고다.
또 한 사람이 말을 했다.
나는 전능의 하나님이다. 내가 최고다.
그 다음 사람이 또 말을 했다.
내가 너를 하나님으로 만들어 주었다!
내가 최고다.

이 모두는 없는 핸들을 잡았다고 생각하는 정신병자들이다.
십자가 위에는 핸들이 없다.

같은 정성 다른 제사

레위기에는 5대 희생제가 기록되어 있다. 번제, 소제, 화목제, 속죄제, 속건제가 그것이다. 이스라엘 백성들이 바친 예배 의식에서 제사는 중심 역할을 했다. 이 희생제는 이스라엘 백성과 하나님 사이에 맺어진 계약을 확인하는 의식이기도 했다.

이 제사로 하나님을 숭배하고 그분께 감사하고 헌신하고 회개할 것을 다짐하기도 하며 죄를 용서받기도 하고, 제사를 통해서 하나님과 인간의 친교를 맺거나 잃어버린 관계를 다시 회복하기도 하는 것이다.

1. 번제. 위로 올라간다는 의미를 지닌 이 번제는 제물을 불사른다는 의미에서 자기희생 자기멸절의 의미가 있고, 더 나아가 고상한 변화로써의 의미를 지니고 있다.

2. 소제. 선물이란 뜻을 가진 이 소제는 일종의 곡제로써 곡식을 갈아 고운가루로 만드는 데서 우리는 자기 자신을 죽인다는 희생의 의미를 배울 수가 있다.

3. 화목제. 화평의 제사라는 뜻을 가진 이 화목제는 감사와 속제를 겸

하고 있다. 피는 제단에 뿌리고 제물은 먹고 배불리는 데서 인간의 심령 속에 하나님의 말씀으로 채워야한다는 의미가 있다.

4. 속죄제. 죄란 의미를 지닌 이 속죄제는 인간이 부지중에 실수로 지은 죄를 용서 받을 수 있도록 제정한 것인데 제물에 죄를 자복하고 자복한 후에 잡아 불태우는 제사다.

5. 속건제. 실수라는 뜻을 지닌 이 속건제는 내 이웃에게 물질적으로 손해를 끼쳤을 때 배상을 하고 난 후에 드리는 제사다. 우리 주님께서도 형제와 화목하라고 했다.

곡제穀祭에 있어서는 곡식을 꽁꽁 찧어 가루로 만들고, 푹푹 쪄 삶고, 바싹바싹 구워 드림에서 희생제에 대한 우리의 헌신을 배울 수 있고, 동물제動物祭에 있어서는 목을 쳐서 죽이고 각을 뜨는 데서 하나님께 드리는 희생적인 삶의 자세를 잘 배울 수가 있다.

유교의 제사
제사란 신령이나 죽은 사람의 혼령에게 음식을 바치어 정성을 나타내는 의식을 말한다. 선사시대 사람들은 자연 현상과 천재지변의 발생을 공포의 눈으로 보았고, 이를 다스리는 신이 있다고 믿었다. 그 신에게 음식을 바치고 복을 빌었던 것이 바로 제사의 시작이다.

조선시대에 와서는 돌아가신 조상님께 정성을 다해 제사를 지내는 것을 효도라고 생각했다. 그래서 자손들은 조상들을 위해서 조상의 돌아가신 날이나 명절에는 차례를 지냈다.

이 유교제사의 경우에 있어서도 레위기에 기록된 제사와 유사점이 많이 있다. 유교 제사제도에서도 상위에 올라가는 모든 음식이 살아 숨 쉬는 것이 있어서는 안 된다. 왜냐하면 제물은 그것이 조상 앞에서 자손들의 무지무지한 헌신과 희생과 순종의 의미를 담고 있기 때문이다.

그래서 곡식으로 음식을 만들 때는 곡식은 빻고 찌고 해야 한다. 생선은 굽거나 삶아야 한다. 과일은 칼로 껍질을 날려야 한다. 날짐승이면 목이 잘린 몸통이라야 한다. 육류면 다리고기 보다는 머리가 올라가야 한다. 이것이 곧 자기 자신 전부(생명)를 드리는 희생의 의미이다. 희망사항으로는 밤, 대추, 곶감을 드리는데 밤은 뼈대(뿌리) 있는 집안, 대추는 자손번성의 축복, 곶감은 접接붙임에서 교육을 상징한다.

그 외에 술과 보기 좋은 수입과일 과자 빵 등을 제사상에 올림은 가족의 정성이지 제사의 본뜻과는 아무런 상관이 없다. 그리고 제사 후에 음복의 의미는 가족의 화합과 우정의 의미가 있다.

레위기에 희생제나 유교의 제사에서
드림의 정성은 같은데 드림의 대상이 다르다.

전자는 하나님이시고, 후자는 조상이다.

우상 偶像

우상은 맹목적인 인기를 끌거나 숭배되는 대상을 비유적으로 이르는 말이고, 신상은 신의 형상을 나타낸 그림이나 조각이라고 정의한다. 그리고 공작품은 재료에 기계적 가공을 한 뒤 조립하여 만든 물품을 이르는 말이다.

우상은 헛된 것, 무가치한 것의 뜻이고 신약에 와서는 정신적인 영역까지 확장을 시켜서 탐심도 우상숭배라고 했다. 무엇이든지 하나님보다도 더 사랑하고 그것을 신으로 섬기면 우상이 된다.

출애굽기 32장에는 모세가 시내산에 올라가 더디 내려오자 이스라엘 백성들이 아론에게 우리를 인도할 신을 만들어 달라고 했다. 이 백성들의 요구에 아론은 금 고리를 모아서 송아지 형상의 신을 만들었다.

다니엘 3장에는 느부갓네살 왕이 금으로 높이가 육십 규빗이고 너비가 여섯 규빗이나 되는 신상을 만들어서 이것을 바벨론 지방의 두라 평지에 세워 섬기게 했다.

사도행전 17장에는 사도 바울이 아덴에 가서 신전 여기저기를 두루 다니다가 알지 못하는 신에게 라고 새긴 단도 보았다고 했다. 아덴은 정말 신들이 많은 곳이다.

시편 115편에는 우리에게 우상이 어떤 것인가를 잘 설명해 주고 있다. 우상은 사람이 손으로 만든 것이라 입이 있어도 말하지 못하며 눈이 있어도 보지 못하며 귀가 있어도 듣지 못하며 (……) 작은 소리조차 내지 못한다고 했다.
십계명 제2는 우상을 만들지 말고 섬기거나 절하지 말라는 것이다.

가톨릭교회에 가보면 교회내외에 세워진 많은 조형물들을 볼 수가 있고, 불교사찰에서는 많은 불상들이 자리를 잡고 있다. 원래는 이 모든 것이 우리로 하여금 신앙에로 가게 하는 길잡이 역할로써 만들었다고 생각을 한다. 그런데 그것을 바라보는 사람마다 인식이 서로가 다르다.

우리나라 시골에 가면 간혹 소싸움이 많이 벌어지는데, 필리핀에서는 투계鬪鷄가 많이 벌어진다. 어느 날 필리핀 시골의 한 농부가 싸움을 잘하는 닭을 껴안고 투계장으로 가다가 먼저 성당으로 갔다.

그는 성당 안으로 들어가서 성당에 세워진 베드로의 큰 동상을 보고 그 앞에서 기도를 했다. "베드로 하나님, 오늘 제가 투계 하러 갑니다. 이겨서 돈을 많이 벌 수 있게 해 주십시오."

이렇게 간절히 기도를 한 후에 농부는 투계장으로 갔는데 이를 지켜본 신부님이 이 농부가 베드로 동상을 하나님으로 여기는구나 생각하고 그 동상을 다른 곳으로 옮겼다는 것이다.

그리고 그 자리에다 다시 아기 예수님의 상을 가져다 놓았다. 그런데 투계장으로 간 농부가 투계장에서 싸우던 자기 닭이 지자 화가 났다. 그래서 그 농부는 큰 몽둥이 하나를 준비해서 다시 성당으로 갔다. 베드로 동상이 있는 곳으로 갔는데 그곳에 세워진 베드로의 동상이 없어지고 어린 아기 상이 있는 것을 보았다.

그는 아기 상을 보고 말을 했다. "야! 인마, 네 아버지 어디 갔어?" 이 모습을 지켜본 신부가 생각했다. '아하 이 농부가 이제는 아기예수님을 베드로의 아들로 생각하고 "인마"라고 하는구나……'
그때부터 그 신부는 성당 안에 있는 모든 성상들을 모두 다른 곳으로 옮겼다는 것이다.

사실 교회 안에 있는 모든 성상들이 모두가 다 우상으로 세운 것은 결코 아니다. 그런데 사람들의 수준에 따라서 생각하는 정도가 각기 다르다. 교회에 다녀도 그 진의를 잘 모르면 성상의 의미도 잘 모르는 것이다.

우상이 아니면서도 우상으로 되는 이런 일들이 없었으면 한다. 그리고 예수를 믿는 오늘 우리는 우상을 거절하는 신앙이 다니엘의 세 친구 사드락과 메삭과 아벳느고처럼 극렬히 불타는 풀무 불에 들어간다 할지라도 신앙을 굽히지 말고 이겨 승리하는 성도가 되었으면 한다.

우상이란 무엇인가? 무엇이든지 하나님보다도 더 사랑하고 그것을 하나님으로 섬기면 우상이 된다. 그런데 시편 기자는 우상은 인간이 자기 손으로 만들고 그것을 자기 신으로 섬기는 것이라고 했다.(시 115편)

내가 만들어 내가 섬기는 것이다.

언제인가 TV를 보는데 모 사찰에서 불이 났다. 불상이 불탈까 염려한 스님이 전투적인 정신으로 불 가운데로 뛰어 들어가 불상을 안고 나오는 모습을 보았다. 그것을 보고 참 묘한 생각이 들었다. 불상보다 스님이 더 위대했다. 내 좁은 소견으로는 불상이 없는 사찰이면 어떨까하는 생각이 들었다.

우상의 사전적인 의미는 맹목적인 인기를 끌거나 숭배되는 대상을 비유적으로 이르는 말이라 했고, 신상은 신의 형상을 나타낸 그림이나 조각이라고 정의했다.

우상에 대한 일언이다.

로고스가 문제를 해결한다

죄 없는 자가 돌로 치라. 이 말씀은 요한복음 8장7절에 나오는 예수님의 말씀이다. 서기관들과 바리새인들이 간음하다 현장에서 잡힌 여인을 끌고 와서 예수께 물었다. "모세는 율법에 이러한 여자를 돌로 치라 명하였거니와 선생은 어떻게 말하겠나이까?"

예수님은 너희 중에 죄 없는 자가 먼저 돌로 치라고 했다. 이 말씀에 그들은 양심에 가책을 느껴 어른으로 시작하여 젊은이까지 하나씩 하나씩 집으로 돌아갔다는 것이다. 곧 로고스가 문제를 해결하는 것이다.

요한복음 1장에는 예수 그리스도의 존재기원이 잘 기록되어 있다. 태초에 말씀이 계셨고 이 말씀이 하나님과 함께 계셨으니 이 말씀은 곧 하나님이라는 것이다. 이 말씀이 육신이 되어 우리 가운데 거하시는 것이다.

말씀인 이 예수 그리스도가 모든 문제해결의 열쇠가 되는 것이다. 사람을 돌로 치려는 서기관들과 바리새인들, 그리고 그 돌을 맞아야하는 간음한 여인, 이 모두는 문제의 사람들이다.

그리고 때리고 맞는 가해자와 피해자는 모두가 불행한 것이다. 이런 자세의 인간 삶은 불신과 증오, 미움만 있을 뿐이지 절대로 문제를 해결하거나 정상적인 삶을 가져올 수가 없다.

그리고 율법이라고 하는 것은 언제나 인간을 정죄하는 것이지 은혜처럼 사랑과 용서가 아니다. 간음한 현장에서 돌로 치라는 이 불행의 현장에는 지금 상생이 없는 것이다.

그런데 죄 없는 자가 먼저 돌로 치라는 예수 그리스도의 말씀은 모든 문제해결의 키가 되는 것이다.
그래서 서로가 상생하는 것이다.

로고스(말씀)인 예수 그리스도가 말씀을 하시면 인간의 모든 문제가 해결이 된다. 열두 해를 혈루증으로 고생한 여자에게 예수님이 네 병에서 건강할지어다 하면 건강해지고, 죽은 야이로의 딸에게 예수님이 달리다굼 하시면 소녀는 일어나는 것이다.

예수님께서 귀 먹고 말 더듬는 자에게는 에바다 하시면 귀가 열리고 혀가 풀렸다. 말씀인 예수 그리스도가 손 마른 자, 중풍 병, 한센 병, 죽은 자도 병에서 놓여 자유하라 하시면 모두가 나아지고 고쳐지고 살아나고 자유하게 된다.

풍랑 많은 갈릴리바다에서 바람과 바다도 말씀으로 잔잔케 하시고, 가나 잔치에서 포도주가 부족할 땐 물로 좋은 포도주가 되게도 했다.

벳세다 광야에서 굶주린 대중에게는 5병2어로 배불리 먹게 하고, 보기를 원하는 소경에게는 실로암 못에 가서 씻으라 하시면 소경이 본다. 그래서 말씀인 예수 그리스도는 말씀으로 인간 모든 문제를 해결하는 것이다.

신 정통주의 신학자 칼 발트K. Barth는 말씀을 3가지로 분류한다.
자연의 말씀은 자연계시의 말씀이고,
성서의 말씀은 특별계시의 말씀이며,
설교의 말씀은 선포되는 계시의 말씀이라는 것이다.

그렇다면 오늘 목사님들의 설교말씀은 선포되는 계시로써 예수님의 말씀처럼 문제해결의 키가 되는 말씀이어야 한다. 문제해결의 키가 되지 못하는 설교는 설교가 아니고 의미 없는 소리에 불과한 것이다. 죄 없는 자가 돌로 치라는 예수 그리스도의 말씀은 모든 인간이 자기 자신을 바라보라는 뜻이요 또 자기 실존으로 돌아가라는 뜻이다.

인간이 자기 실존으로 돌아가면 모든 문제는 해결이 된다. 오늘날 목사님들의 설교가 듣는 모든 사람들로 하여금 자기실존으로 돌아가는 역사가 있었으면 한다.

인간이 인간을 만나면 역사가 일어나고, 인간이 하나님을 만나면 기적이 일어나듯 인간이 문제를 가지고 설교를 들으면 모든 문제가 해결 되는 은혜가 풍성했으면 한다. 그래서 오늘날 모든 목사님의 설교가 듣는 모든 사람으로 하여금 문제가 해결되는 말씀의 설교가 되었으면 한다.

죄 없는 자가 먼저 돌로 치라는 이 말씀이 인간 모든 문제해결의 키이며, 모든 사람들이 자기 실존으로 돌아가게 하는 말씀인 것이다.

모세가 선포한 12저주

시내산에서 하나님으로부터 십계명을 받아 이스라엘의 국민윤리로 선포한 모세는 그리심산에서 시므온과 레위와 유다와 잇사갈과 요셉과 베냐민을 축복하고, 에발산에서는 르우벤과 갓과 아셀과 스불론과 단과 납달리를 저주했다.

이 두 산은 이스라엘 백성들이 하나님의 약속을 성취하고, 그 하나님이 살아계시며 역사하시는 것을 돌아보게 하는 산이다.

왜 그리심산에서는 축복을 하고, 에발산에서는 저주를 했는지에 대해서는 알 길이 없다. 저주란 몹시 미워하는 상대에게 재앙이나 불행한 일이 일어나도록 하는 바람을 말한다.

모세가 에발산에서 선포한 열두 가지 저주가 선포될 때마다 백성들은 아멘으로 화답을 하게 했다.

모세가 선포한 열두 가지 저주를 보면
1. 우상을 만들고 세우는 자
2. 부모를 경홀히 여기는 자

3. 이웃의 땅 경계를 옮겨 자기 것으로 차지하는 자

4. 소경으로 길을 잃게 하고, 장애인을 괴롭히는 자

5. 객이나 고아나 과부의 송사를 억울케 하는 자

6. 계모와 성행위를 하는 자

7. 짐승과 성행위를 하는 자

8. 아버지의 딸이나 어머니의 딸과 성행위를 하는 자

9. 장모와 성행위를 하는 자

10. 남 몰래 동족을 쳐 죽이는 자

11. 뇌물을 받고 죄 없는 자를 죽이려고 하는 자

12. 율법의 모든 말씀을 실행하지 아니 하는 자로 되어 있다.

여기 12가지 저주가 선포될 때마다 모든 백성은 아멘으로 화답했다.

열두 가지 저주를 분석하면

1 하나님과 나와의 올바른 관계를 위한 저주

2 부모님과 자식의 올바른 관계를 위한 저주

3 나와 내 이웃의 올바른 관계를 위한 저주

4~5 나와 소외된 이웃과의 올바른 인간관계를 위한 저주

6~9 정상적인 성행위를 위한 저주

10~11 인간의 올바른 생명존중을 위한 저주

12 율법의 권위를 위한 저주로 되어 있다.

이 가르침의 교훈은 열두 지파에게 열두 번의 아멘을 통해서 저주에 순복하게 하시는 하나님은 저주를 피하고 하나님의 축복 안에 거하라는 것이라고 생각된다.

이 열두 가지 저주의 성격을 보면

여기서 문제를 삼고 있는 모든 악행(저주)의 공통점을 보면 악행이 모두가 은밀한 곳에서 은밀히 저지르는 행동들이라고 하는 사실이다.

장색의 손으로 만든 우상을 비롯하여 성관계와 사람을 남몰래 죽이는 암살은 모두가 자기만이 아는 일이다. 이런 잘못들은 그 죄를 입증하여 사법적으로 처벌을 하기가 힘들다.

그래서 모세는 이런 악행들에 대하여 저주를 공포함으로써 하나님의 뜻이 자기 홀로 있다고 믿는 엄밀한 곳에서의 행한 죄도 처벌이 유효하다는 점을 분명히 하고 있다.

그리고 인간의 악행을 법정에서 다룰 수 없다면 그것은 하나님이 심판하신다는 뜻이고, 백성들은 공포된 금령들에 대해서 구속력이 있음을 알아야 한다는 의미에서 아멘의 응답으로 확정했다는 사실이다.

창세기 4장에는 가인과 아벨의 사건이 기록되어 있다. 가인과 아벨이 들에 있을 때 가인이 그 아우 아벨을 쳐 죽였다. 그런데 여기에서 살인자 가인을 본 사람은 아무도 없다.

암살이다. 은밀한 죄다. 그런데 여기에 하나님이 직접 나타나셔서 문제 해결이 된다. 그러나 모세의 12저주에서는 아멘으로 응답한 나 자신이 확정이다.

이 확정이 구속력이 있음을 알아야 한다. 은밀한 죄라 할지라도 하나님 앞에서 아멘 한 것은 공적 효력을 가지기 때문에 회개하지 아니하면 사법적인 처벌을 받는 것이다.

그래서 예수 그리스도는 오늘도 변함없이 죄의 짐을 지고 두려워하는 사람, 마음속에 근심 있는 사람, 은밀한 죄 가지고 고민하는 사람, 모두가 슬피 울며 한숨 쉬지 말고 근심하지 말고 다 주께로 나오라는 것이다.

모세가 선포한 열두 가지 저주, 예수 그리스도가 해결한다.

벨릭스 앞에 선 바울

사도행전 24장과 28장에는 바울의 재판사건과 로마까지 바울의 여정이 잘 기록되어 있다.

바울을 고발한 사람들,

바울의 변명,

바울이 옥에 갇힘,

바울이 가이사에게 상소,

바울이 아그립바왕과 버니게 앞에 섬,

바울이 로마로 압송,

바울이 로마에서의 전도이다.

바울을 고발한 사람들은 대제사장 아나니아와 장로들과 변호사 더둘로다, 이들이 벨릭스에게 바울을 고발했다. 그들의 고발 내용은 벨릭스 각하 때문에 태평을 누리고 산다고 높이 칭찬한 다음 전염병 같은 바울이 나사렛 이단의 우두머리로서 유대인을 소요케 하고 성전을 더럽힌다는 것이다.

이 고발에 대한 바울의 변은 내가 예루살렘에 예배하러 올라간 지 열이틀밖에 안 되었고 내가 성전에서나 회당에서나 시중에서 무리를 소동

한 적이 없으매 그들이 당신 앞에 내세울 것이 없다고 했다.

그리고 나는 하나님을 섬기고 율법과 선지자들의 글에 기록된 것을 다 믿으며 그들이 기다리는 바 하나님께 향한 소망을 나도 가졌고 의인과 악인의 부활이 있음을 이야기 하면서 하나님과 사람에 대하여 양심에 거리낌이 없기를 힘쓴다고 했다. 이런 변에도 불구하고 바울은 결국 감옥으로 갔다.

총독 벨릭스는 백부장에게 감옥에 있는 바울을 지키되 자유를 주고 그의 친구들이 그를 돌보아 주는 것을 금하지 말라고 명했다. 면회를 허락한 것이다. 이 벨릭스는 워낙 뇌물을 좋아해서 바울에게서도 돈을 받을까 하는 마음으로 바울을 자주 자주 불러내어 같이 이야기를 한 총독이다.

바울의 재판에 관여한 사람들의 성향을 살펴본다.
벨릭스Felix: 벨릭스는 '즐겁다'는 뜻의 이름이다. 주후 52년부터 60년까지 제11대 유대 총독으로 바울이 마지막 예루살렘 방문 시 체포되었을 때 바울을 심문한 사람이다. 로마 황제 글라우디오의 신하 팔라스의 동생인 그는 황족을 섬기는 노예로부터 자유인이 되어 유대 총독에 이르기까지 뇌물로 승진을 한 사람이다.

그는 폭정을 하여 제사장 요나단을 죽이고 재판에 부정을 했다. 바울을 심문하면서도 바울에게 돈을 좀 받아낼까 한 사람이다. 노예로부터 자유인이 되어 유대 총독에까지 돈으로 승진을 한 사람이기에 돈을 매우 좋아한다. 그래서 감옥에 있는 바울도 자주 불러내어 이야기를 한 이유도 돈을 받을까 함이었다.

베스도Festus: 베스도는 '제일'이라는 뜻의 이름이다. 베스도는 벨릭스의 뒤를 이어 유대 총독이 되었고(60~62년, 행24~27장) 단기 재직에도 훌륭한 행정관이었다. 바울이 경의를 표하기도 했고(행26:24) 아그립바는 바울이 가이사에게 호소하지 않았으면 놓아줄 수도 있었다고 했다.(행26:32)

버니게Bernice: 버니게는 팔레스틴 왕 헤롯 아그립바1세 딸이다. 두 번이나 남편을 갈아치우고 오빠 헤롯 아그립바 2세와의 사이에서 남매간에 불륜의 관계를 맺었다는 혐의를 받았다. 바울이 가이샤라 총독 베스도에게 재판을 받았을 때 그녀도 아그립바 2세와 같이 임석하였고 또 바울이 사형이나 결박을 당할만한 죄가 없다고 생각한 사람 중 하나였다.(행25:13,23, 26:30) 그녀는 또 후에 로마 황제가 된 디도의 첩이 되어 로마에서 살았다.

바울의 재판사건이 오늘 우리에게 주는 교훈은 바울이 하나님과 사람을 대하여 항상 양심에 거리낌이 없기를 힘쓴다는 사실이다. 벨릭스 총독도 바울의 이런 모습에서 감동을 받고 당당한 바울을 보며 죄가 없다는 확신을 가지게 된다.

그리고 사람이 말을 많이 한다고 해서 훌륭히 보이거나 아첨의 말을 한다고 해서 상대가 감동하는 것이 아니고 진실함의 말에 힘이 있음을 보여준다.

1521년 보름스의회Diet of Worms에서 마틴 루터가
"주여 내가 여기 섰나이다.
나는 양심의 소리를 거부할 수가 없습니다.
나는 한 치도 양보할 수가 없습니다."라고 했는데,
이 말은 마치 벨릭스 앞에 선 바울을 보는 것 같다.

우리는 바울이 벨릭스 앞에서 양심의 소리를 거부하지 아니하고 양보
하지도 않은 그의 신앙의 자세를 본받았으면 한다.

굿 패밀리 쓰리

성서에는 위대한 인물을 탄생시킨 가정들이 많이 있다. 유대인들은 아버지가 외국인이라 해도 엄마가 유대인이면 그 자녀들은 모두가 유대인으로 인정을 받는 모계중심의 사회다. 위대한 인물을 길러낸 굿 패밀리 쓰리를 생각해본다.

1. 아므람과 요게벳: 출애굽기 2장에는 '고상한 백성'이란 이름의 뜻을 가진 아므람과 '여호와는 영광이다'라는 뜻을 가진 요게벳이 결혼하여 모세를 낳았다고 했고 민수기 26장59절에서는 요게벳이 아므람과 결혼하여 아론과 모세와 그의 누이 미리암을 낳았다고 기록했다.

한 가정에서
이스라엘 민족의 지도자 왕 같은 모세
이스라엘 민족의 제사장 아론
이스라엘 민족의 여선지자 미리암
이 세 사람이 나왔다고 하는 사실은 정말 자랑스러운 가정이다.

영도자 모세의 일생은 크게 40년씩 세 시기로 나눈다. 첫 번째 시기는 이집트 바로의 통치 아래서 보낸 40년의 세월이다. 두 번째 시기는 미디안 광야에서 수련의 40년이다. 세 번째 시기는 동족 이스라엘 백성을 출애굽 시키고 광야생활을 이끌며 가나안을 향했던 40년이다. 모세의 주요 사명과 업적은 대부분 이 시기 동안에 이루어졌으며, 이 시대의 이야기들이 출애굽기부터 신명기까지의 주된 내용이다.

히브리인들을 놓아주지 않으려던 바로의 온갖 방해를 하나님의 권능과 기적으로써 물리친 모세는 홍해를 기적으로 건너 약속의 땅 가나안을 향해 이스라엘 백성의 광야생활을 앞장서서 이끌었다. 모세는 하나님께로부터 십계명을 포함한 율법을 받아서 이스라엘 백성의 국민윤리로 삼았다.

모세는 가나안 땅에는 들어가지 못하고 여리고 맞은 편 모압광야에서 생을 마감했다. 그는 하나님께서 약속해 주신 그 땅을 바라만 보았을 뿐 그 땅을 밟지는 못했다. 이스라엘 백성을 이끌고 가나안 땅으로 들어갈 임무는 여호수아에게 맡기고 120세에 세상을 떠났다.

히브리서 기자는 히브리서 11장에서 모세는 장성하여 바로의 공주의 아들이라 칭함 받기를 거절하고 도리어 하나님의 백성과 함께 고난 받기를 잠시 죄악의 낙을 누리는 것보다 더 좋아하고…… 믿음으로 그들은 홍해를 육지 같이 건넜으나 애굽 사람들은 이것을 시험하다가 빠져 죽었다면서 위대한 모세의 일생을 기록했다.

2. 엘가나와 한나: 엘가나와 한나의 가정에는 아들이 없었다. 그런데 한나가 여호와께 기도하고 하나님께 서원하여 아들을 낳았는데 그 이름을 사무엘이라고 했다. 그 이름은 내가 여호와께 그를 구하였다 함이

라는 뜻이다.

사무엘의 어머니는 사무엘을 나실인으로 길렀다.
나실인이란 세 가지를 지키는 사람들이다.
입에 포도주를 대면 안 된다.
머리를 깎으면 안 된다.
시체를 보면 안 된다.
이 세 가지를 본인이 서원한 것이 아니라 어머니가 서원을 했다.
어머니가 서원하였지만 하나님께 어머니가 서원하였으니 자기가 지킨
다는 심정으로 어머니 말씀에 순종을 했다.

사무엘은 이스라엘 최후의 사사이며 선지자이다. 경건한 여자 한나를
어머니로 하여 엘리 제사장 밑에서 하나님을 섬기는 도리를 잘 배운 사
람이다. 그는 이스라엘 역사상 부족조직에서 국가조직으로 변천하는
과도기에 서서 여호와의 통솔 하에 강력한 국가체제를 만들어 블레셋
과 싸우기도 하고 백성들의 요구에 호응하여 베냐민 사람 사울에게 기
름을 부어 이스라엘의 초대 임금이 되게도 한 선지자이다. 바울은 히브
리서 11장에서 믿음의 용장 16명을 소개하면서 믿음의 사람으로 사무
엘을 들었다.

3. 요셉과 마리아: 젊은 시절 마리아는 요셉과 약혼을 했다. 결혼하기
전에 성령으로 인하여 잉태되고 요셉의 이해를 얻었다. 처음 요셉은 다
윗 가문의 후손으로 마리아와 약혼한 뒤 그녀의 임신 사실을 알고는 파
혼하기로 마음먹었으나 천사들로부터 그 아이가 성령에 의해 수태되
었다는 말을 듣고는 아내로 맞아들였다.

그들이 호적하려 가는 중 베들레헴 말구유에서 예수를 낳았다. 헤롯의 칼날을 두려워하여 애굽으로 피난도 가고 후에 갈릴리 나사렛에 돌아와 정착해 살면서 요셉은 자기의 목공 기술을 예수에게 가르쳐주었다.

아기 예수는 자라며 강하여지고 지혜가 충만하며 하나님의 은혜가 그의 위에 머물렀다. 그리고 열두 살 시절의 예수는 그 지혜와 키가 더욱 자라가며 하나님과 사람들에게 더욱 사랑스러워 가시더라고 했다.

예수라고 하는 말은 자기 백성을 죄에서 구원할 자란 뜻이고, 그리스도라고 하는 말은 왕으로 기름부음을 받았다는 뜻이다. 예수 그리스도는 B.C. 4년에 유대나라 베들레헴에서 태어났다.

평민의 아들로 출생한 그는 29세가 되었을 때 세례요한에게 세례를 받은 후 공생애에 나타나서 외치기를 때가 찾고 하나님의 나라가 가까웠으니 회개하고 복음을 믿으라고 강조한다.

최후에는 죄인이란 판결을 받고 십자가상에서 죽었는데 성서는 사후에 예수 그리스도가 부활을 했다고 기록하고 있다.

예수 그리스도의 지상 대강령은 네 마음을 다하고 목숨을 다하고 뜻을 다하여 주 너의 하나님을 사랑하는 것이 첫째 되는 계명이라고 하고, 둘째는 네 이웃을 네 자신 같이 사랑하라고 했는데, 이 두 계명이 온 율법과 선지자의 대강령이라는 것이다.

요게벳 가정은 이스라엘 민족의 위대한 영도자 모세를 낳고,

한나의 가정은 이스라엘 민족의 위대한 선지자 사무엘을 낳고,
마리아 가정은 인류의 영원한 구세주 예수 그리스도를 세상에 태어나
게 했다.

성서에 나타난 굿 패밀리 쓰리다.

에스더서 일언

유대인들이 부림절 절기를 설명하기 위하여 기록된 에스더서는 역사서 중 하나로 되어 있다. 기록연대는 주전 3세기~2세기반경이고 저자는 불분명하다. 유대인들은 부림절에 이 에스더서를 전부 낭독했다는 것이다. 그리고 본서 중에 나타나는 바사왕 아하수에로는 바사왕 크세르크세스1세라고 하는데 이는 바사왕 고레스1세의 손자이다.

이 책은 이스라엘 백성이 포로된 땅에서 근면과 지혜로 사회의 높은 지위에 오르는 것을 보여주고, 또한 적들이 그들을 말살시키려고 사악한 흉계를 꾸미지만 기적적으로 유대인이 구원되는 모습을 보여 준다. 학자들은 이 책이 역사서이기보다는 하나의 문학 작품으로 생각을 한다.

에스더서의 내용을 보면
1~2장은 에스더가 바사왕국의 왕비가 되는 것
3~5장은 하만이 유다인들을 해치려고 계획한 일
6~7장은 음모가 드러나서 하만이 처형을 당하는 일
8~10장은 유다인들이 구원을 받고 부림절이 생긴 일이다.

에스더: 별이라는 이름의 뜻을 가진 에스더는 베냐민의 아비하일의 딸

이었으나 고아가 되어 사촌인 모르드개의 집에서 자랐다. 유대인 모르드개의 양녀였다. 아름다운 외모로 바사왕 고레스의 손자 아하수에로가 왕위에 오른 지 제3년에 여러 신하들과의 잔치자리에 나오기를 거절하는 와스디 왕비를 폐위하고 에스더를 왕후로 삼았다. 에스더는 하만의 간계로 유대인이 전멸의 위기를 당했을 때 자기 동족을 구원한 사람이다.

부림절: 에스더서에 나타난 부림절이란 B.C.5세기에 페르시아 통치자들로부터 유대인들이 자기목숨을 구한 사건을 기념하는 날이다. 아하수에로 왕의 총리대신 하만은 페르시아 치하에 살고 있는 유대인들을 학살하려 하였으나 유대인 왕비인 에스더의 지혜로 학살의 위기에서 벗어나게 된다.

옛 페르시아의 총리 하만은 유대인 모르드개가 자신에게 경의를 표시하지 않는 것에 화가 나서 유대인 전체를 죽이려는 음모를 꾸몄다. 이에 페르시아의 왕비 에스더는 유대인 모두에게 금식기도를 요청한 후에 아하수에로 왕 앞에 나아가 만찬에 하만과 함께 나오길 초청했다.

만찬 전 날, 하만은 모르드개를 매달아 죽일 장대를 준비하고 만찬 당일 날, 에스더는 자신이 유대인임을 알리고 하만은 자기가 준비한 장대에 매달려 죽게 된다.

왕은 모르드개를 하만의 자리에 앉히고, 유대인들을 죽이려했던 자들을 토벌했다. 이날을 유대인들은 자신의 민족이 죽음에서 구해진 기쁨을 서로 나누고 에스더를 기려 부림절이라 부른다.

에스더서의 메시지 초점은 하나님의 냉혹한 심판이 중심적 내용이다. 내용의 복잡성과 아름다운 드라마로 독자에게 스릴과 즐거움을 준다. 에스더는 자신이 생명을 걸고 민족의 생존을 위해 헌신한 희생의 모범이다. 이스라엘 정신사에 있어서 유대인들이 적의 손에서 구원된 것을 축하하는 연예적인 부림절 행사의 중요성을 잘 말해준다.

에스더서의 문제점을 살펴보면 초기 유대교 지도자들은 이 에스더서를 정경에 넣을 것인가를 두고 논쟁을 벌인 책이다. 그 이유는 여기 부림절이 모세5경에는 없는 절기이기 때문이다.

쿰란지역 사해사본 두루마리에는 에스더라는 책도 없고 암시도 없다. 그리고 이 책 속에는 하나님이라고 하는 명칭이 단 한 번도 나오지 않는 책이다. 신약성서에 인용된 구약성서 중 에스더에서는 단 한절도 인용을 안 했다. 그리고 종교 개혁자들이 성서를 주석할 때 에스더서는 주석을 금했다.

뿐만 아니라 이 책의 역사성이 다른 역사서들과 다르다. 그래서 학자들은 이 책을 역사서로 보지 아니하고 종교적 문학작품으로 보는 견해가 짙다. 이 에스더서는 하나님의 섭리가 어떻게 온 세계를 지배하는가를 보여주는 책이다. 멀리 떨어진 나라에 가서 살아도 하나님의 백성은 여전히 하나님의 손안에서 보호를 받는다는 교훈을 주고 있다.

이스라엘 백성들이 약속의 땅이 아닌 먼 나라에 있기 때문에 하나님의 이름을 언급하지는 아니해도 우리에게 섭리의 사실을 보여줌으로써 인간과 그 운명을 결정짓는 하나님에게 우리의 눈을 돌리게 한다.

그리고 이 책은 에스더의 희생적이고 헌신적인 정신과 모르드개의 신앙과 모범을 잘 보여주고 있다.

에스더서의 일언이다

삼위일체 알아보기

삼위일체: 삼위일체란 하나님의 속성 가운데 하나다. 하나님은 본질상 한 분이지만 그 한 분 안에 성부와 성자와 성령이라 불러지는 삼위가 존재한다는 말이다.

이 삼위의 하나님은 보편적 의미로써는 세 분이 아니고 신적 본질이 그 안에 존재하는 세 가지 양상이요 형태라는 것이다. 이 삼위는 서로의 관계를 확립할 수 있는 성질을 각각 가지고 있다. 성경에는 "삼위일체"라는 용어도 없고 셋이 하나라고 하는 설명도 불가능하다.

요한복음 10장30절에는 나와 아버지는 하나라고 했다.
마태복음 28장19절에는 아버지와 아들과 성령의 이름으로 세례를 베풀라고 했다.
요한1서 5장8절에서는 성령과 물과 피라 또한 이 셋은 합하여 하나라고 했다.

삼위일체는 하나님의 계시에 근거한 것으로 초자연적 진리에 속한다.
하나님의 세 인격, 즉 성부와 성자와 성령으로 존재하는 말이다.
기독교의 독특한 교리이고 교훈이다.

셋이 하나가 된다는 기독교 특유의 사상이다.

우리가 부분적으로 밖에 설명할 수 없는 신비다.

근본적으로 이해의 항목이 아니라 신앙의 항목이다.

이해되어 믿는 것이 아니라 믿음으로 이해하는 진리이다.

하나님이 자신을 그렇게 나타내 보이셨기 때문에 우리는 그렇게 믿는 것이다.

평신도 신학자 R. 보드만Richards Bordman은 기독교의 삼위일체를

성부는 보이지 아니하는 하나님의 충만,

성자는 보이는 하나님의 충만,

성령은 피조물에 바로 역사하시는 하나님의 충만이라고 했다.

문제는 우리가 아무리 삼위일체를 잘 설명한다고 해도 이해가 어려운 것이 사실이다. 그래서 신학자나 목회자들이 여러 가지 비유를 들어가면서 신도들에게 이해를 주기 위해 많은 노력을 한다.

비유로 설명해보는 삼위일체:

태양과 같다. 태양은 물질, 빛, 열이다.

물水과 같다. 물은 고체(얼음), 액체(물), 기체(수증기)이다.

꽃花과 같다. 꽃은 꽃송이, 꽃빛깔, 꽃향기이다.

음악과 같다. 리듬, 멜로디, 하모니 또는 가사, 곡, 노래다.

교통과 같다. 교통은 차, 길, 에너지가 있어야 한다.

가정과 같다. 가정은 아버지, 어머니, 자녀로 되어 있다.

국가와 같다. 국가는 국민, 국토, 주권으로 되어 있다.

색깔과 같다. 색깔은 색상, 명도, 채도를 말한다.

삼각과 같다. 삼각은 사인, 코사인, 탄젠트이다.
시간과 같다. 시간은 과거, 현재, 미래로 되어 있다.
소설과 같다. 소설은 인물, 사건, 배경으로 되어 있다.
이 모두는 서로가 각각 다르면서 하나다.

소경과 코끼리의 이야기가 있다. 구걸하던 일곱 명의 소경이 지나가는 코끼리를 만졌다. 그런데 그들이 손으로 만진 후에 코끼리에 대한 생각이 다양했다.

코를 만진 사람은 뱀,
상아를 만진 사람은 창槍,
귀를 만진 사람은 부채,
다리를 만진 사람은 기둥,
옆구리를 만진 사람은 벽,
배를 만진 사람은 천정,
꼬리를 만진 사람은 밧줄 같다고 했다.

코끼리가 지나간 다음 일곱 명의 소경이 길옆에 앉아서 자기들이 만져본 코끼리에 대하여 설명을 했다. 그런데 그들이 코끼리에 대한 설명을 하다가 자기생각과 서로 다른 상대를 향해서 저놈은 참 어리석고 무식한 놈이라며 욕설을 퍼부었다.

오늘날 눈이 있다고 하는 우리들도 이와 같이 무식에 빠지는 경우가 많이 있다. 기독교의 삼위일체를 두고도 모두가 이러 쿵 저러 쿵 하면서 설명들을 한다.

하지만 누가 어떻게 설명을 해보아도 코끼리를 만져 보고 설명하는 소경과 다를 바가 하나도 없다. 다 안다고 떠들면 다 모르는 사람이라고 생각하면 된다. 위에서 비유로 설명해보는 삼위일체도 마찬가지다.

그래서 삼위일체는
초자연적인 진리,
신앙의 항목,
기독교의 독특한 교훈,
하나님의 속성 가운데 하나로 알았으면 한다.
삼위일체란 설명에서 알아지는 진리가 아니고 믿음으로 이해되는 진리다.

생각해보는 삼위일체다.

제2의 종교개혁

종교개혁은 로마 가톨릭 교회의 쇄신을 요구했던 개혁 운동으로, 개신교를 세우는 기초운동이다. 여러 세기를 걸쳐 로마교황청은 서유럽의 정치에 깊이 관여해 왔다.

이들은 권력에 개입하고 부와 결탁하고 정치 공작과 면죄부판매와 성물숭배, 성직자의 성적타락으로 인해서 교회의 영적인 권위를 상실했다. 16세기 서방교회 내에서 종교개혁을 통해 생겨난 기독교는 오늘에와서 또다시 종교개혁을 요구하고 있다.

현대교회가 부르짖는 제2의 종교개혁 10.

1. 배타주의에서 협력을 강조한다. 배타주의는 다른 사람의 생각이나 사상 따위를 배척하여 받아들이지 않으려는 주의나 경향이다. 남을 배척하여 자기만의 이익을 좇는 사상이나 경향, 즉 맹목적인 애국심이나 강경한 대외적 태도를 가리켜 배타주의라고 한다.

이 배타주의는 그것이 지향하는 집단의식에 따라 성별, 인종, 민족, 종교 등의 가치를 극단적으로 강조하여 상대에 대한 비이성적인 혐오감을 보이는 특징이 있다. 그래서 제2 종교개혁은 여기에서 협력을 강조하는 것이다. 협력이란 특정한 목적을 달성하기 위하여 서로 힘을 합하여 도움을 주는 것이고 대립과 견제를 통해서 질적으로 성장하는 것이다.

2. 상하에서 수평을 강조한다. 가톨릭의 상하체제에서 수평체제를 강조했던 개신교의 개혁정신이 지금은 개신교안에서도 상하체제가 너무나 만연되고 있다. 교회의 모든 직분은 그 기능이지 인격의 높낮이가 아니다. 지나친 차별대우가 예수 그리스도의 정신을 흐린다. 남녀상하 빈부귀천 모든 사람은 법 앞에 평등해야 하는 것이다. 높은 자는 오히려 낮아지는 것이 예수 그리스도의 정신이다.

3. 위에 계신 하나님에서 마음속에 계신 하나님을 강조한다. 위에 계신 하나님은 세상에 계시고, 세상에 계신 하나님은 우리마음 속에 계신다. 나를 믿는 자는 성경에 이름과 같이 그 배에서 생수의 강이 흘러나오리라고 하셨다. 그래서 하늘에 계신 하나님은 이제 내 마음에 계시는 것이다.

4. 교리에서 생활을 강조한다. 교리란 한 종교의 기본 이론, 각 종교의 종파가 진리라고 규정한 신앙의 체계를 말한다. 교리도 있어야 하지만 교리다툼에 자기 삶의 질이 약해지는 것이 문제다. 자기의 바른 삶이 강조되어야 한다.

5. 죄 강조에서 사랑을 강조한다. 탕자의 비유에서 보면 아들의 죄에 대해서 아버지가 묻지 아니하고 오직 사랑과 용서의 이야기로 가득 차

있다. 그런데 현대교회는 맏아들처럼 송아지 값에만 민감해 있다. 그리고 십계명을 지키지 못한 죄의 고백을 강조하지만 그것을 다 지킨다 해도 인간은 죄인이다. 그래서 죄의 강조에 앞서 하나님의 사랑의 넓이와 깊이와 높이를 강조해야 한다.

6. 인간 육체부정에서 육체긍정이다. 하나님은 인간 육체고행을 절대로 원하지 않으신다. 튼튼한 몸에서 건전한 정신력이 이루어지고 그 위에 위대한 신앙이 있어야 한다.

7. 현실야합에서 예언자적 자세를 강조한다. 미가 선지는 시온을 피로, 예루살렘을 죄악으로 건축했다고 비난하고 그들의 우두머리들은 뇌물을 위하여 재판하며 그들의 제사장은 삯을 위하여 교훈하며 그들의 선지자는 돈을 위하여 점을 치면서도 여호와를 의뢰하여 이르기를 여호와께서 우리 중에 계시지 아니하냐. 재앙이 우리에게 임하지 아니하리라 하는도다 라고 했다.

이러므로 너희로 말미암아 시온은 갈아엎은 밭이 되고 예루살렘은 돌무더기가 되고 성전의 산은 수풀의 높은 곳이 되리라고 했다.
교회는 정경유착에서 벗어나야 하고
교역자는 아부 하지 말고 예언자적 자세로 돌아가야 한다.

8. 심판의 종말론에서 생태계의 종말을 강조한다. 예수 그리스도의 재림과 심판의 날에 앞서 인구의 증가, 식량의 난, 자원의 고갈, 환경의 오염과 지구의 온난화, 이런 생태계의 파괴가 인류의 종말을 가져온다. 우리는 종말의 심판보다 생태계의 종말을 강조해야 한다.

9. 분열에서 연합을 강조한다. 바리새적 신앙을 반대하고 샤머니즘적 신앙을 반대한다. 물량적인 것에서 벗어나 복음적이고 성서중심의 신앙 공동체로 살아가야 하는 것이다.

10. 예수 종교에서 예수 신앙을 강조한다. 성서는 하나님의 말씀이다. 성서의 중심은 예수님이다. 성서는 예수님의 삶을 보여준다. 예수님은 우리에게 종교를 강조하지 아니하고 거룩한 신앙의 삶을 강조했다. 주린 자에게 떡을, 병든 자에게 고침을, 무지한 자에게 지혜를, 마귀에게서는 우리를 자유하게 하시는 것이다.

현대교회가 나아가야 할 기독교 제2의 종교개혁 강조 10이다.

25시 현대사회와 성서교육

루마니아 작가 게오르규는 조상 적부터 무산계급을 돌보는 성직자로 살아왔다. 그는 루마니아가 500년에 걸친 오토만제국의 지배에서 벗어나 신생국이 되고 프랑스와 영국이 옹립한 새로운 왕이 통치하고 있는데도 불구하고 지배계급의 착취에서 여전히 고생하는 백성들을 보면서 『25시』라고 하는 글을 썼다.

25시 현대사회 무엇이 문제인가?

서민의 모든 돈을 모아도 재벌 한 사람의 돈을 따라가지 못할 때
본질보다도 비본질이 판을 칠 때
면죄부로 번 돈을 가지고 교회를 지을 때
카페에서 커피를 마시면서 신자들을 매매할 때
인간이 인간을 만나도 반갑지 아니하고 싫어질 때

목사 의사 변호사가 3대 거짓말쟁이라고 하는 말을 들을 때
약자를 등쳐먹는 강자들이 세상에서 판을 칠 때
국민을 등쳐먹는 여우같은 정치가들이 반성하지 아니할 때
서민의 호주머니에서 돈을 긁어 대형교회를 지을 때

방향감각을 주는 젊은 안테나가 무참히 짓밟힐 때

제자가 스승에게 죽고, 백성이 이유 없이 하나하나 죽어갈 때
부정한 돈으로 십일조를 내면서 목사의 축복을 받을 때
엉터리 추를 가지고 다니며 남을 등쳐먹을 때
거짓말을 내뱉는 사기꾼이 시내 한복판에서 판을 칠 때
이것을 우리는 25시 현대사회라고 부른다.

하나님은 25시 현대사회 속에 기독교를 주셨다. 이 25시 현대사회 속에서 벗어나는 길은 교육이다. 교육이란 동물훈련이 아니고 인간 각성운동이다. 군사훈련 같은 교육을 교육이라고 계속 강조하면 이 세상은 25시가 된다.

프랑스의 계몽사상가 루소는 하나님은 태초에 모든 것을 선하게 창조했는데 인간의 손을 만들고부터 자연이 부패되었다고 했다. 이 25시 현대사회 속에서 오늘 기독교는 무엇을 하고 있는가? 이 물음에 우리는 그 회답을 주어야 한다.

철학자 칸트는 인간은 교육을 통해서 참인간이 된다고 했다. 그리고 독일의 학습지 전문에는 인간교육은 종교적인 것이어서 인간의 밑바닥까지 도달하지 아니하면 완전할 수가 없다고 했다. 그리고 철의 공작 월링톤은 종교 없는 교육은 약삭빠른 인간을 만든다고 했는데 불신자가 들으면 놀랄 말이지만 그러나 그것은 사실이다.

교육이 없는 국가는 망하고, 옳은 교육이 없으면 서지 못한다. 학교는

있으나 교육이 없고, 선생은 많으나 스승이 없고, 장사꾼은 있어나 상
인이 없고, 신자는 많으나 성도가 없다는 이런 말이 가시같이 우리의
마음을 찌르는 말이다. 이제 우리 모두는 25시 현대사회 속에서 벗어
나야 한다.

영국의 역사가 토인비 교수는 역사는 도전에 응전하는 것이라 했다. 우
리 인간은 현대생활에서 투쟁해나가는 인간이 되도록 인간교육을 잘
해야 한다. 그리고 참 종교가 예술가 교육가는 그 민족을 위한 위대한
안테나가 되어서 미리 탐지하고 조기 경보를 울려 주어야 한다.

영국의 철학자 베이컨은 깊은 철학은 종교로 이끌어가고 얕은 교육은
무신론자로 이끌어 간다고 했다. 이 말을 우리는 귀담아 들어야 한다.

사도 바울은 젊은 디모데에게 성서의 기원과 그 목적에 대하여 잘 말해
주고 있다. 또 네가 어려서부터 성경을 알았나니 성경은 능히 너로 하
여금 그리스도 예수 안에 있는 믿음으로 말미암아 구원에 이르는 지혜
가 있게 한다고 했다.

모든 성경은 하나님의 감동으로 된 것으로 교훈과 책망과 바르게 함과
의로 교육하기에 유익하니 이는 하나님의 사람으로 온전하게 하며 모
든 선한 일을 행할 능력을 갖추게 하려 함이라는 것이다.

그리고 사탄을 대적하기 위한 인간의 8대 자세로는 하나님의 전신 갑
주를 입고, 진리로 너희 허리띠를 띠고, 의의 호심경을 붙이고, 복음이
준비한 것으로 신을 신고, 믿음의 방패를 가지고 구원의 투구와 성령의

검 곧 하나님의 말씀을 가지라고 했다. 그리고 기도하라는 것이다.

여기에 성서교육의 의미가 있는 것이다. 인간이 자기의 참 모습으로 돌아가면 선과 악을 구별하고 달을 보고 노래하고 모래 속에서 영원성을 바라보는 것이다.

우리는 성서교육이 25시 현대사회를 치료하는 투약임을 잘 알아야 한다. 메뚜기를 잡으려고 농약을 뿌리면 부작용이 생긴다. 그보단 천적을 기르는 것이다. 이것을 거부하는 한 인류멸망의 책임을 면할 길이 없다. 우리가 우리의 책임을 다하지 못할 때 25시 현대사회는 영원히 돌이킬 수가 없는 것이다.

25시 현대사회, 성서교육이 그 문제를 해결한다.

드라마로 보는 작은 성경

성서는 구원의 드라마를 연출하는 책이다. 이 구원의 드라마는 서막, 1막, 막간, 2막, 종막으로 구성되어 있다.

서막. 창세기 1장에서 11장9절까지, 개인적 구원의 드라마이다.
1막. 창세기 11장12절부터 말라기까지, 민족구원의 드라마이다.
막간. 신구약 중간시대 약 400년간의 역사이다.(성서에 기록 없음)
2막. 마태복음부터 유다서까지, 인류구원의 드라마다.
종막. 요한계시록, 예수 그리스도의 재림과 심판의 이야기이다.

1. 서막: 구원의 서막(창1:1~11:9)은 개인적 구원의 드라마다. 태초에 하나님이 천지를 창조했다. 천지를 창조하신 하나님은 아담을 창조하여 동산 에덴에 두고 하와와 같이 삶을 시작하게 하신다. 이 가정의 역사를 살펴보면 다음과 같다.

아담과 하와(창3:1~24) 아담과 하와는 에덴동산에 살면서 하나님께서 먹지 말라는 선악을 알게 하는 나무열매를 따먹는 불순종의 죄를 범하여 에덴동산에서 추방이 된다. 그러나 사랑의 하나님은 구원의 표시로 아담과 이브에게 가죽옷을 주었다는 용서의 이야기로 끝이 난다.

실낙원 사건이 주는 교훈

(1) 의존적 존재가 인간의 본래적 존재양식인데 의존적 존재로서의 인간이 의존의 대상을 잃어버렸다는 것을 의미하는 것이다.

(2) 인간에게 고독이라고 하는 어두운 그림자를 가져왔다는 것을 의미한다. 고독이란 죽음에 이르는 병과 같은 뼈저린 고통을 말하는 것이다.

(3) 인간이 찾아야 할 길을 가르쳐 준다. 이런 의미에서 실낙원 사건은 비극이면서도 인간에게 희망의 불빛을 보여주고 있는 것이다. 그리고 아담과 이브에게 하나님께서 가죽옷을 주었는데 가죽이 생기자면 양이 죽어져야 한다. 그래서 세상 죄를 지고 가는 하나님의 어린 양 예수는 여기서부터 시작이 된다.

가인과 아벨(창4:1~25) 아담의 아들로 태어난 이 두 형제는 시기와 질투에서 가인이 아벨을 쳐 죽였다. 가인은 이 살인죄로 인해서 죽어야 하는 존재가 되었다. 그러나 자기 동족으로부터 추방을 받는다. 그리고 자기를 보는 자가 자기를 죽일까 염려하는 가인에게 사랑의 하나님은 구원의 표시로써 가인의 이마에 인을 쳐 주었다.

가인의 사건이 주는 교훈은 인간의 죄는 가속을 동반한다는 것이다. 곧 아담의 불순종의 죄는 가인의 살인사건으로 번져갔다. 이것은 하나님과 인간의 수직적인 관계가 파괴되면 인간과 인간의 수평적인 관계마저도 파괴된다는 교훈을 준다.

그리고 인간은 원래 본질적으로 인간 상호간에 사랑의 공동체로 이룩된 존재였는데 인간이 자기 이익에만 집착한 나머지 자기 이웃을 잃어

버리고 사랑의 대상에서 투쟁의 대상으로 번져갔다는 교훈을 준다. 그리고 하나님은 가인의 이마에 인을 쳐 주었는데 요한계시록에 보면 주님 재림하실 때 이마에 하나님의 인침을 받지 아니한 자들은 모두가 죽었다고 했다. 그래서 여기 인印은 구원의 바코드다.

노아의 홍수(창5:1~10:32) 아담의 십대손 노아는 대홍수이야기의 주인공이다. 이 땅에 죄악이 만연하여 하나님은 인간을 심판하기로 했다. 그리고 의로운 노아와 그 식구를 살리기 위해서 노아로 하여금 방주를 만들라고 명했다. 의인 노아는 방주를 만들어서 하나님의 대홍수 심판에서 구원을 받은 사람이 되었다.

이 노아의 방주사건이 우리에게 주는 교훈은 노아의 방주는 교회를 상징한다. 이것은 방주가 구원의 방편이었던 것과 같이 오늘날 교회도 구원의 방편으로써 그 의미를 가지고 있기 때문이다.

그리고 노아가 하나님의 명령을 신앙적인 결단에서 구체적인 책임수행을 다했을 때 대홍수의 심판에서 살아난 것을 보면, 구원이란 인간 편에서 구원의 준비가 되었을 때 하나님의 구원이 보장된다는 교훈을 준다.

그리고 홍수 후에 하나님은 노아에게 무지개를 보이시며 다시는 모든 생물을 홍수로 멸하지 아니할 것이라 하시고 무지개로 증거를 삼으셨다. 그러나 여기 활 모양의 무지개는 불빛이 있어야 나타나는데 이 무지개는 우리에게 희망이면서도 동시에 경고다. 또다시 인간이 죄를 범하면 그 때는 물 아닌 불로 전쟁의 무기인 활로 심판이 있음을 예고하는 것이다.

바벨탑(창11:1~32) 노아의 대홍수가 지나간 후 제2의 홍수를 피하기 위해서 이스라엘 백성들은 바벨에다 탑을 쌓기로 했다. 이들은 죄의 회개에 앞서 하나님을 대항하는 표시로 탑을 쌓아 또다시 홍수가 나면 탑 꼭대기로 올라가서 홍수를 피하고 싶었다.

이렇게 생각하고 쌓아 올리기 시작한 이 탑은 언어혼란이라는 하나님의 형벌에 인간은 대화가 단절이 되고 사람들은 사방팔방으로 지면에서 흩어졌다. 그래서 결국 인간은 인간 상호간의 분열로 공동체적 생활이 파괴되고 말았다.

B.C.2233년에 이스라엘 백성들이 시날 평지에 쌓은 이 탑은 하나님의 문이라는 뜻을 가지고 있다. 과학적인 과정과 문화적인 과업을 통해서 쌓은 이 탑은 인간이 자기 이름을 내고 하나님과 같이 높아지려는 인간 자기신화의 시도였다.

이 바벨탑 사건이 주는 교훈은 피조물인 인간이 하나님과 같이 높아지려는 태도는 창조의 질서에 어긋난다. 그래서 우리는 정치 경제 문화 사회 모든 영역에 있어서 바벨탑의 문화가 되지 않도록 노력해야 하며, 인본주의가 아닌 신본주의 인간문화를 이 땅에 형성해야 한다는 교훈을 준다.

이 교만의 바벨탑, 그 용서의 회답은 신약성서 사도행전 2장에 기록된 오순절이다. 바벨탑의 형벌로 내려진 언어혼돈과 흩어진 공동체는 오순절에 와서야 모아지고 방언에 의한 언어의 통일이 온 것이다. 이렇게 해서 성서의 구원의 드라마 제1편 서막이 끝이 난다.

2. 1막: 구원의 제일막(창11:10~말)은 이스라엘 민족구원의 드라마다.

아브라함과 이삭(찌르고 찔리는 이야기). 이스라엘 민족의 역사는 조상 아브라함부터 시작이 된다. 아브라함은 많은 사람으로부터 믿음의 아버지로 숭앙된 사람이다.

바벨탑을 쌓다가 언어의 혼란으로 흩어진 사람들 가운데서 하나님은 아브라함을 택하여 많은 사람들의 아버지라고 하는 칭호를 주었다. 그리고 그는 100세에 얻은 아들 이삭을 모리아산으로 가서 하나님께 바치라는 하나님의 음성을 듣고 그것을 실천하여 믿음의 조상이라고 하는 명예를 얻은 사람이다.

이 모리아 사건에서 오늘 우리가 배울 점은 100세에 얻은 아들 이삭을 모리아 산에 가서 하나님께 받치라는 하나님의 음성에 그것을 실천한 아브라함의 위대성을 높이 평가하지만 그것이 하나님의 뜻이라면 죽음을 거절하지 아니하고 아버지의 칼에 말없이 순종하는 이삭은 아버지의 위대성을 능가한다는 사실을 알아야 한다. 왜냐하면 찌르는 아브라함보다 칼을 받는 이삭의 순종이 제사보다 낫기 때문이다.

이삭과 이스마엘(약속의 아들과 인간적인 아들) 일부다처제도 속에서 한 아버지와 두 어머니 사이에서 이복형제로 태어난 이삭과 이스마엘, 이삭은 본처 사라의 약속의 아들이고, 이스마엘은 후처 하갈의 인간적인 아들이다. 성장 후 이삭은 이스라엘 민족의 조상이 되고, 이스마엘은 아랍 민족의 조상으로 성장해갔다.

이 이삭에 대해서 배울 점은 언약에 의해서 사람의 몸에 독자로 태어난 그는 자기를 번제할 나무를 지고 모리아 산으로 올라가서 자기의 죽음이 하나님의 뜻이라면 죽음도 마다하지 아니하는 그의 순종은 마치 예수 그리스도가 하나님의 아들로서 인간 속죄를 위하여 십자가를 지고 갈보리 산상으로 올라가는 모습을 잘 보여주고 있다.

야곱과 에서(장자의 명분으로 다투는 형제) 이들은 이삭과 리브가 사이에 태어난 쌍둥이 형제다. 야곱은 형 에서의 장자의 명분을 빼앗아 아버지의 축복을 받고 집을 떠나 저 멀리 외가 하란으로 가 살면서 외숙 라반의 두 딸과 두 딸의 여종을 아내로 삼아 12명(르우벤 시므온 레위 유다 단 납달리 갓 아셀 잇사갈 스불론 요셉 벤야민)의 아들을 둔 족장이 되었다. 그리고 20년의 노동에서 많은 재물을 모았다.

야곱에게서 배울 점은 그는 물질적인 세상에서 출세를 하고 영화를 누렸지만 한걸음 더 나아가 신앙적인 세계에서 하나님을 만나 신앙을 가지고 인생을 살아가는 길을 택했다. 후에 그는 자기의 잘못을 뉘우치고 형 에서와 화해하는 모습을 본다.

그리고 에서는 야곱이 인간적인 모습을 갖추고 많은 선물과 낮은 자세로 자기를 찾아왔을 때 그는 모든 선물을 사양하고 동생을 맞이하는 동족 화해의 신사적인 모습을 보여준다.

요셉의 사건(애굽의 국무총리). 야곱의 사랑하는 아들 요셉은 어린 나이에 꿈 이야기 때문에 형들의 많은 미움을 샀다. 그래서 형들은 요셉을 애굽 상인 보디발에게 팔았다. 요셉은 멀리 애굽으로 팔려가 종살이를 하면서도 칠전팔기 하는 신앙으로 성장하여 애굽의 국무총리가 되었다.

총리가 된 그는 이스라엘 땅에 기근이 도래하자 아버지 야곱과 형들 그리고 그 가족들을 애굽으로 초대하여 고센땅에 정착해서 살게 한 사람이다. 여기에서 이스라엘 민족이 크게 성장했다. 그리고 그는 이방 여인 아스낫과 결혼하여 므낫세와 에브라임을 낳았다. 요셉은 주어진 자기 처지를 약진의 발판으로 삼아 자기성장의 길을 간 사람이다.

하나님의 사랑하는 아들 예수 그리스도가 이 세상에 왔으나 12제자가운데 유다에게 은 20에 팔려 십자가상에서 죽고 무덤에서 부활하여 만민을 죄 가운데서 인간을 구원하듯 요셉의 생애는 형제 유다에게 팔려애굽 보디발의 집에서 종살이를 하다 죄 없이 감옥에까지 갔으나 후에애굽의 국무총리가 되어 기근에서 만민을 구원한 그는 예수 그리스도와 같은 삶의 모습을 잘 보여주고 있다.

모세와 출애굽(이스라엘 백성의 구원) 모세는 나일 지방에서 아므람과 요게벳 사이에서 태어났다. 애굽에서 번성해가는 이스라엘 백성들에게 위협을 느낀 바로왕은 이스라엘 백성들에게 산아제한을 강요했다. 아므람는 모세를 기를 수가 없자 그를 갈대상자에 담아서 나일강에 버렸다. 그러나 모세는 하나님의 은혜로 나일강에서 목욕하는 바로 공주의 손에 건짐(구출함)을 받고 궁중에서 성장하는 행운아가 되었다.

모세는 성장해서 바로 공주의 아들임을 거절하고 자기 동족 이스라엘 민족으로 돌아간다. 그리고 자기 동족과 싸우는 애굽 군사 하나를 쳐죽인 일로 저 멀리 미디안 광야로 도망을 갔다. 그곳에서 미디안 제사장의 딸 십보라와 결혼하여 게르솜을 낳았다.

그리고 40년의 긴 세월이 흐른 후에 민족해방의 사명감을 깨닫고 다시 애굽으로 돌아와 바로와 대결을 한다. 모세는 애굽에 10가지 재앙을 내림으로 이스라엘 백성들을 애굽에서 탈출시키는데 성공을 한다. 모세라고 하는 자기 이름의 뜻이 물에서 건졌다는 뜻인데 그는 자기의 이름처럼 자기 동족 이스라엘을 애굽에서 건지는 구원자가 되었다.

그는 이스라엘 백성으로 하여금 홍해를 건너서 광야를 지나 이스라엘 백성으로 하여금 가나안을 가게 한 사람이며, 시내산에서 하나님께 십계명을 받아 그것으로 이스라엘 백성들의 국민윤리로 삶의 지침서를 삼았다.

출애굽기는 이스라엘 백성들이 애굽에서 구출되는 이야기로 가득 차 있고, 레위기는 제사법, 민수기는 이스라엘 백성의 호구 조사서, 신명기는 율법의 재선포다.

모세의 사건에서 오늘 우리가 배울 점은 나일강에 버려진 모세의 갈 상자에는 운전대나 키가 없다는 사실이다. 이것은 이 갈상자가 인간의 사사로운 지식이나 꾀에 의해서 움직이는 것이 아니고 물 따라 바람 따라 성령이 인도하는 대로 움직인다는 것이다. 그래서 오늘날 교회도 갈상자 같은 성령이 움직이는 교회가 되어야 한다. 이스라엘 민족은 애굽에서 주어진 처지를 약진의 발판으로 삼아 출애굽을 이끌어 낸 민족이 되었다.

이스라엘 백성의 역사(사사시대 왕국시대). 이스라엘 왕국의 역사는 출애굽 이후 여호수아의 가나안 정복과 사사시대를 지나면서 왕을 요구하는 국민들의 여망에 선지자 사무엘은 사울을 왕으로 세웠다.

그 후 다윗왕을 지나 솔로몬왕의 후기에 가서는 왕국이 남쪽왕국 유다와 북쪽왕국 이스라엘이 분열되면서 바벨론과 앗시리아에게 모두가 멸망 되었고, 포로시대와 귀국시대를 지내면서 이스라엘 민족은 세계로 흩어졌다.

이 역사 속에서 하나님의 메시지를 전했던 16명의 예언자들이 있고, 윤리서로는 욥기, 시편, 잠언, 전도, 아가서와 같은 지혜문서들이 있다. 이것이 출애굽에서 말라기까지의 역사로써 구원의 제1막이 모두가 끝이 난다.

3. 막간: 막간의 역사(2막을 준비하는 기간). 구약성서와 신약성서 사이에는 약 400년간의 세월이 공백으로 되어 있다. 이 시대를 우리는 중간시대라고 한다. 이 기간을 우리는 제2막을 준비하는 시대로 본다.

중간시대
1.파사시대.B.C.536~333년 고레스, 캄비세스, 다리우스, 롱기마누스
2.헬라시대.333~167년 알렉산더, 안티고누스, 폼베이, 셀르쿠스 왕조
3.마카비시대.167~64년 마타티아스, 유다스, 요나단, 시몬의 통치
4.로마시대.64~A.D.4년 폼베이, 줄리어스 시저, 옥타비아누스통치

일어난 사건들

1. 로마의 정치와 헬레니즘이다.
2. 헬라어가 세계의 통용어가 되었다.
3. 로마교통의 발달이 세계 민족의 모든 장벽을 없앴다.
4. 유대인들이 사는 각 지역에서 회당을 가졌다.

중간시대의 종교

1. 바리새파Pharisee 분리주의자'란 뜻
2. 사두개파Sadduceeis 바리새파의 반대로 일어난 종파
3. 엣세네파Essenes 금욕적 공동단체인
4. 열심당Zealots 광신적 애국심을 가진 단체

이렇게 해서 막간의 중간시대는 예수 그리스도의 탄생과 구원의 제2막
이 준비되는 시기라고 본다.

그리고 헬레니즘Hellenism이라고 하는 말은 알렉산더Alexander 이후 약
300년 동안 헬라문화를 지칭하는 말이다.

4. 2막: 구원의 제2막(마태복음~유다서)은 인류구원의 드라마이다. 아
브라함과 다윗의 자손 예수 그리스도의 세계로 시작되는 신약은 유대
와 사마리아와 땅 끝까지 이르는 온 인류역사의 이야기이다.

씨앗 하나의 나무에서 수많은 열매를 보듯이 한 인간 아담은 인류를 형
성했다. 한 인간이 가정을 이루고 민족을 이루고 인류를 이루는 것이
다. 그래서 신약은 온 인류를 구원하는 하나님의 역사의 이야기이다.

예수 그리스도의 탄생. 누가복음 2장10~11절, 천사가 이르되 무서워

말라. 보라 내가 온 백성에게 미칠 큰 기쁨의 좋은 소식을 너희에게 전하노라. 오늘날 다윗의 동네에 너희를 위하여 구주가 나셨으니 곧 그리스도 주시니라고 했다.

예수 그리스도는 유대나라 베들레헴 말구유에서 태어났다. 베들레헴이라고 하는 말은 떡집이란 뜻이고, 요한복음 6장35절~48절에서 예수는 자신을 생명의 떡이라고 했다.

구유에 나신 예수, 쟁반의 떡이다. 그리고 12제자들과 같이한 마가 다락방에서 예수 그리스도는 제자들에게 떡과 잔을 나누시며 받아먹어라 하시고 이 떡은 내 몸이고 이 잔은 내 피라고 했다. 이 성만찬, 우리도 참여해야 한다.

이 베들레헴의 생명의 떡, 만민이 먹어야 하는 양식이다. 예수 그리스도는 인류의 죄를 위해서 십자가상에서 죽었다. 예수 그리스도, 그 몸이 영생하는 양식이요, 그 피가 우리가 마셔야 하는 영생수이다.

예수 그리스도의 사역. 이 죽음의 땅에 제2의 아담, 생명의 빛이 되신 예수 그리스도가 구원자로 도래했다는 것이다. 이 예수 그리스도가 하나님의 아들이요 우리의 구주시며 믿는 자들의 아버지가 되신다는 것이다.

요한복음 3장16절에서 하나님이 세상을 이처럼 사랑하사 독생자를 주셨으니 이는 저를 믿는 자마다 멸망치 않고 영생을 얻게 하려 하심이니라고 했다. 하나님이 그 아들을 세상에 보내신 것은 세상을 심판하려

하심이 아니요 저로 말미암아 세상이 구원을 받게 하려 하심이라는 것이다.

전 인류구원의 역사. 로마서 3장23절에서 모든 사람이 죄를 범하였으매 하나님의 영광에 이르지 못한다고 했다. 로마서 5장12절에서는 한 사람으로 말미암아 죄가 세상에 들어오고 죄로 말미암아 사망이 들어왔나니 이와 같이 모든 사람이 죄를 지었으므로 사망이 모든 사람에게 이르렀다는 것이다.

그래서 하나님은 독자 예수그리스도를 세상에 보내셨다. 그 이유가 여기에 있다. 하나님이 세상을 이처럼 사랑하사 독생자를 주셨으니 이는 그를 믿는 자마다 멸망하지 않고 영생을 얻게 하려 하심이라.(요3:16) 하나님이 그 아들을 세상에 보내신 것은 세상을 심판하려 하심이 아니요 그로 말미암아 세상이 구원을 받게 하려 하심이라는 것이다.

신약 성서는 예수 그리스도의 나심과 사심과 죽으심과 부활과 승천과 재림을 기록한 4복음서와 12제자들의 선교활동을 기록한 사도행전 그리고 성도들의 신앙지침서와 윤리강령을 기록한 여러 서신을 비롯해서 유다서까지 모두 그리스도를 중심으로 한 전 인류에 관한 역사를 잘 기록하고 있다.

5. 종막: 구원의 종막(요한계시록)은 요한계시록은 예수 그리스도의 재림을 기록한 책이다. 신랑 되신 우리주님을 맞이해야할 신부는 믿음의 밝은 등불을 준비하는 것이다. 불 없는 등은 아무 소용이 없고 등불 준비 아니 한 신부는 잔치에 참여할 자격이 없다. 예수 그리스도의 재림

과 심판의 책이 요한계시록이다.

성서는 아담의 역사에서 유대민족의 역사 그리고 인류의 역사이야기로 확산해가는 것이다. 태초에 하나님이 천지를 창조하시니라는 창세기 1장1절에서 요한계시록 22장21절 주 예수의 은혜가 모든 사람에게 있기를 빕니다 아멘, 하고서 끝이 나는 성서는 구원의 역사를 말하는 책이다.

이렇게 해서 신구약성서는 한 개인의 역사에서 한 가정의 역사, 한 가정의 역사에서 한 민족의 역사, 한 민족의 역사에서 전 인류의 역사로 확산해가면서 구원의 드라마를 이루고 있다.

아담의 죄로 인류의 멸망을 가져 왔으나 예수 그리스도로 인해서 인류가 구원을 받는다는 성서의 드라마다. 한눈으로 보는 성서, 구원의 역사로써의 드라마 모두가 끝이 난다.

드라마로 보는 작은 성경이다.

제3부
문전에서 본 종교 단상

명상의 종교 불교Buddhism

명상의 종교, 불교는 붓다 석가모니로부터 시작된다. 석가라고 하는 말은 샤카이족에서 나온 성자란 뜻이고, 무니라고 하는 말은 수행의 완성자란 뜻이다. 붓다나 석가모니는 모두 다 각覺과 관련이 되고, 그의 본명은 고타마 신달타이다.

B.C.560년경 인도 가비라迦毘羅성에서 정반왕의 태자로 태어난 그는 16세 때 야소라와 결혼하여 라홀라라는 아들을 낳았다. 구도적 청년 석가모니는 인생의 근본문제에 대하여 회의를 품고 29세에 궁중에서 출가를 하여 설산에 들어가 6년간 고행과 명상 끝에, 35세에 보리수 밑에서 인생의 대진리를 깨달았다.

고苦에서 출발하는 불교는 합리주의의 종교로써 자각과 이성을 강조하는 종교다. 구원에 있어서 자력주의를 강조하는 무신론의 종교로써 인도에서 발생하였으나 인도에서 뿌리박지 못했다. 이 종교는 고에서 해탈을 강조하는 종교다.

붓다가 본 인생의 적 고苦
일체개고一切皆苦 모든 것이 고통.

생로병사生老病死 살고, 늙고, 병들고, 죽음.
애별리고愛別離苦 사랑하는 사람과의 이별.
원정회고怨憎會苦 미워하는 사람과의 만남.
구부득고求不得苦 구하여도 얻지 못함.
오온성고五蘊盛苦 인간의 심신을 형성하는 5가지(식욕, 성욕, 물욕, 명예욕, 권세욕 또는 수면욕)에서 생기는 괴로움.

붓다는 인간이 어떻게 하면 이 고에서 해탈解脫하여 열반涅槃의 자유자제경自由自在境에 도달할 수 있을까? 그 회답을 사제四諦 팔정도八正道라고 했다.

사제
고제苦諦 인생은 고苦라는 진리.
집제集諦 고의 원인은 집착執着과 갈애渴愛에서 생긴다는 진리.
멸제滅諦 집착과 갈애를 멸하면 열반에 들어간다는 진리.
도제道諦 집착과 갈애를 멸하려면 8정도를 행하면 된다는 진리.
여기에서 벗어나려면 팔정도를 행할 것.

팔정도
정견正見 바른 견해   정업正業 바른 직업
정사유正思惟 바른 사고   정명正命 바른 생활
정어正語 바른 말   정정진正精進 바른 노력
정념正念 바른 신념   정정正定 바른 마음

이렇게 행하면 일체는 고苦요, 제행諸行은 무상無常(우주 간에 만물은

나고 죽고 흥하고 망하는 것)이요, 제법諸法은 무아無我(우주 간에 존재
하는 유형무형의 모든 사물)라고 하는 진리를 깨달아 인간이 자기에
대한 집착을 벗어날 수 있다,

집착을 벗어날 때 무아경無我境(어떤 일에 온통 정신이 팔리는 상태),
곧 해탈의 경지에 도달한다는 것이 붓다의 주장이다. 해탈의 경지를 열
반Nirvana이라고 하는데, 열반이란 인간번뇌의 불이 꺼진 상태를 말한
다. 석가모니는 이러한 경지에 도달한 각자覺者다.

불교경전 삼장參藏
경장經藏 붓다가 친히 말씀하신 진리
율장律藏 불교 교단사람들이 지켜야 할 계율
논장論藏 붓다가 말씀한 경장에 대하여 제자들이 쓴 것
율장에는 비구가 지켜야할 계명이 250개, 비구니는 348개가 있다.

소승불교와 대승불교
소승불교Hinayana : 개인 독립 주의이다. 자신의 노력에 의한 해방을 강
조한다.
지혜가 최고의 미덕이다. 전적으로 승려생활을 강조한다. 최고의 이상
은 아르하트Arhart다. 부처는 성자 인간이다. 형이상학을 반대한다. 종
교의식을 반대한다. 보수적이다.
◎ 아르하트는 완전무결한 부처의 제자, 열반만을 위하여 적막한 곳을
찾아 헤매는 사람이다.

대승불교Mhayana : 개인상호 존중을 강조한다. 타他에 의한 구원을 이룩한다.

자비심이 최고의 미덕이다. 세상과 연결된 생활을 한다. 최고 이상은 바디 샤트바Badhi Sattva이다. 부처는 구세주다. 형이상학 이론을 발전시킨다. 종교의식을 채택한다. 자유적이다.

◎ 바디 샤트바는 해탈 경지에 들어간 사람, 그리고 남을 위해 무지무지한 봉사를 하는 사람이다.

윤리의 종교 유교Confucianism

윤리의 종교, 유교는 중국의 대 철학자 공자로부터 시작된다. 그는 B.C.551년경 중국 노나라 창평향 추읍에서 태어났다. 추읍은 중국 산동성의 작은 마을이다.

공자는 13세에 학문을 하고 19세에 결혼을 하고 한 평생 한 아내와 같이 살다가 72세에 세상을 떠났다. 숙량흘(어머니:안정제)의 아들로 태어나 어린 시절부터 학문을 좋아하던 그는 당시 전승되어 내려오던 6가지의 고전을 연구했다. 중용의 종교로써 인륜을 강조하는 유교는 나와 너의 관계를 강조하는 종교다.

여섯 가지 고전:
시경詩經(고대의 민요집)　　　　　서경書痙(성현들의 교훈집)
예경禮敬(성현들의 예의범절)　　　악경樂經(고대의 음악집)
역경易經(고대의 음양점자책)　　　춘추春秋(노나라의 역사책)
이것을 기본으로 하여 인간이 살아가는 참 도리를 사서四書에 교훈했다.

사서四書:
논어論語(공자의 생애와 사상)

대학大學(공자의 교훈과 제자들의 주석)
중용中庸(공자의 제자 자사의 편찬)
맹자孟子(제2의 현인 맹자의 글)

공자가 본 인생의 적: 공자는 인생의 적을 불화不和로 본 사람이다. 곧 인간관계 상실로 본 것이다. 불화란 나와 너의 부조화를 말한다. 임금과 신하, 아버지와 아들, 남편과 아내, 친구와 친구, 어른과 아이 사이에 있어야 할 인륜을 강조했다. 이것을 우리는 오륜五倫이라고 부른다. 이 오륜을 오상五常이라고도 하는데, 오상의 의미는 한결같다는 뜻이다.

공자는 어떻게 하면 인간이 이 불화에서 벗어나 질서의 세계인 인륜에 도달할 수 있는가를 연구하다가 그 회답을 수양이라고 했다. 수修는 닦는다는 뜻으로 인간의 결점을 고치는 것이고, 양養은 기른다는 뜻으로 인간의 장점을 키워나가는 뜻이다.

이렇게 하면 인간 삶에 인의예지의 질서가 서고, 인간이 인륜에 도달할 수 있고, 수신제가 치국평천하에 도달한다는 것이 공자의 주장이다.

그리고 그는 이 세상 만물에는 모두가 리理가 있다고 주장했다. 하늘에는 천리天理, 땅에는 지리地理, 물건에는 물리物理, 일에는 사리事理, 사람에는 도리道理가 있다고 했다. 이 중에서 가장 중요한 것은 도리라는 것이다.

도道는 인생이 걸어가야 할 길이고, 덕德은 인생이 이 길을 가게 하는 힘力이라는 것이다. 그리고 우리는 유교의 여러 가지 실천덕목 사항을 명심보감에서 많이 찾아볼 수 있다.

명심보감 요약:

1. 계선편繼善篇 선을 이어 가라는 글
착한 일을 하는 사람은 하늘이 복으로써 갚고 착하지 않은 일을 하는 사람은 하늘이 화로써 갚는다.

2. 천명편天命篇 하늘이 명하는 글
공자가 말하기를 하늘에 순종하는 사람은 살고, 거슬리는 사람은 망한다. 하늘에 죄를 지으면 빌 곳이 없다.

3. 순명편順命篇 천명에 순응하라는 글
공자가 말하기를 죽고 사는 것은 목숨에 달려 있고, 부자가 되고 귀하게 되는 것은 하늘에 달려 있다.

4. 효행편孝行篇 어버이를 공경하고 잘 모시라는 글
공자가 말하기를 효자가 어버이를 섬기고 거느리면 그 공경을 극진히 하고, 봉양을 하면 극진히 즐겁게 해드리고, 병이 드시면 그 걱정을 극진히 하고, 돌아가시면 슬픔을 다하고, 제사를 모시면 그 엄숙함을 다하여야 할 것이다

5. 정기편正己篇 나를 바르게 하는 실천도덕의 글
공자가 이르기를 모든 사람들이 좋아하더라도 반드시 살펴 볼 일이요, 뭇 사람이 싫어하더라도 반드시 살펴볼 일이다.

6. 안분편安分篇 자기 분수를 지키는 글
공자가 말하기를 그 자리에 있지 아니하면 그 정사를 도모하지 않는다.

7. 존심편存心篇 마음가짐의 글
백 살을 사는 사람이 없는데 부질없이 천년의 계획을 세운다.

8. 개성편戒性篇 인내의 철학을 강조하는 글
한때의 분함을 참는다면 백날의 근심을 면하리라.

9. 근학편勤學篇 독서와 학문을 강조하는 글
공자가 말하기를 널리 배우고 뜻을 두텁게 하고, 간절히 물어 생각을
가까이 하면 어지러움은 그 속에 있는 것이라.

10. 훈자편訓子篇 자녀교육의 중요성을 기록한 글
엄한 아버지는 효자를 길러내고, 엄한 어머니는 효녀를 길러낸다. 귀여
운 아이에겐 매를 많이 때리고, 미운 아이에겐 먹을 것을 많이 주라.

11. 성심편省心篇(上) 마음의 반성을 강조하는 글
총애를 받거든 욕됨을 생각하고 편안히 살면 위태로움을 염려할 것이
다. 미래를 알려거든 먼저 지나간 일을 살필 것이다. 의심스런 사람은
쓰지 말 것이요, 사람을 썼거든 의심하지 말라.

12. 성심편省心篇(下) 마음의 반성을 강조하는 글
자기 집의 두레박줄이 짧은 것은 한탄하지 아니하고, 남의 집 우물이
깊은 것을 탓하는구나. 멀리 있는 물은 가까운 불을 끄지 못하고, 먼 곳
에 사는 친척은 가까운 이웃만 같지 못하다.

13. 입교편立教篇 인생의 지침, 생활의 규범. 인간 생활의 덕목을 기록한 글
삼강三綱: 임금은 신하의 벼리가 되고, 아버지는 아들의 벼리가 되고, 남편은 아내의 벼리가 되는 것이다.
오륜五倫: 임금과 신하 사이에는 의리가 있어야 한다. 아버지와 아들 사이에는 친애가 있어야 한다. 남편과 아내 사이에는 분별이 있어야 한다. 어른과 아이 사이에는 순서가 있어야 한다. 친구와 친구 사이에는 믿음이 있어야 한다.

14. 치정편治政篇 관리들의 계율을 기록한 글
임금 섬기기를 어버이 섬기듯이 하며 상관 섬기기를 형 섬기듯 하며, 동료와 함께 지내기를 집안사람과 같이 하며, 뭇 아전을 대우하기를 노복을 대하듯 하며, 백성 사랑하기를 처자와 같이 하며, 관청의 일을 처리하기를 집안일을 처리하듯 한 후에야 능히 내 마음을 다했다 할 것이니, 만약 털끝만큼이라도 이르지 못함이 있으면 모두 내 마음에 아직 다하지 못한 것이 있기 때문이니라.

15. 치가편治家篇 가정을 원만히 다스려 화목하게 하는 도리의 글
자식이 효도를 하면 양친이 즐거워하고 집안이 화목하면 만사가 이루어지는 법이다.

16. 안의편安義篇 부부관계와 형제관계와의 조화를 강조한 글
장자가 말하기를 형제는 수족과 같고 부부는 의복과 같으니 의복이 찢어진 때는 다시 새것을 얻을 수 있거니와 수족이 끊어진 곳엔 잇기가 어렵다.

17. 존례편遵禮篇 만사의 근본이 예임을 강조하는 글

만약 다른 사람이 나를 중히 여기기를 바라거든 허물없이 내가 먼저 남을 중히 여길 일이다. 아버지는 아들의 덕을 말하지 않고, 아들은 아버지의 허물을 말하지 말지니라.

18. 언어편言語篇 말조심을 강조한 글

유회가 말하기를 말이 이치에 맞지 않으면 말하지 아니함만 같지 못하다. 한 마디 말이 맞지 않으면 천 가지 말이 소용이 없다.

19. 교우편交友篇 인생의 진정한 친구에 관한 글

서로 얼굴을 아는 사람이야 천하에 가득하되, 마음을 아는 사람은 몇 사람이나 되겠는고. 술이나 음식 먹을 적의 형제는 천도 되더라도 위급한 어려움에 도와주는 친구는 하나도 없는 법이다.

20. 부행편婦行篇 여성의 덕목을 기록한 글

어진 아내는 남편을 귀하게 만들고, 악한 아내는 남편을 천하게 만든다. 어진 아내는 육친(부모, 형제, 처자)을 화목하게 하고, 아첨하는 아내는 육친을 깨뜨린다.

이 명심보감은
1~3편. 선의 윤리와 인과 업보에 대한 기록이다.
4~8편. 자기 수양의 생활철학에 대한 기록이다.
9~11편. 개인적 교양으로 향하는 이상과 실천에 관한 기록이다.
12~15편. 치세의 윤리에 관한 기록이다.
16~20편. 생활의 기본적 에티켓에 관한 기록이다.

유교는 고대 중국에서 발생한 공자의 사상을 존신尊信하는 것이다. 중국 고유의 사상을 종합하여 효제충신孝悌忠信을 주로 한 일상생활의 실천도덕을 완성함에 노력하고, 모든 도덕을 일관하는 인을 최고이념으로 하여 수신제가 치국평천하를 이룩할 수 있는 자질함량을 본질로 하는 것이다.

사랑의 종교 기독교Christianity

사랑의 종교 기독교는 예수 그리스도로부터 시작된다. 예수라고 하는 말은 자기 백성을 죄에서 구원할 자란 뜻이고, 그리스도라고 하는 말은 왕王으로 기름부음을 받았다는 뜻이다. 예수 그리스도는 공생애에 나타나서 외치기를 때가 찼고 하나님의 나라가 가까웠으니 회개하고 복음을 믿으라고 했다.

예수그리스도가 본 죄는 죄가 없는 곳을 천국이라고 하였고, 모든 사람으로 하여금 죄에서 구원을 받으라고 강조하였다. 기독교 경전은 구약에서 모세5경 5권, 역사서 12권, 시와 노래 5권, 예언서 17권이고, 신약에서 복음서 4권, 사도행전 1권, 서신 21권, 예언서 1권으로써 도합 66권이다. 성서는 창세기에서부터 요한계시록에 이르기까지 죄란 말로 일관되어 있다.

죄란 무엇인가? 죄는 불법으로써, 곧 법을 어기는 것, 불순종, 모든 불의, 알고도 행하지 아니하는 것, 범사에 믿음으로 하지 아니하는 것인데 이것은 모두 목표에서 빗나가는 것을 말한다.

예수 그리스도는 여기에서 회개와 신앙을 강조했다. 회개의 뜻은 마음을 고친다, 뉘우친다, 돌아선다, 또는 방향을 전환한다는 것이다. 회개에 대한 예수 그리스도의 교훈은 누가복음 15장 탕자의 비유에 잘 나타나 있다.

기독교 신앙이란? 하나님이 세상을 이처럼 사랑하사 독생자를 주셨으니 이는 그를 믿는 자마다 멸망하지 않고 영생을 얻게 하려 하심을 믿는 것이다. 그리고 하나님의 영원한 사랑 가운데서 살아가는 것이다. 기독교사상을 요약하면 창조와 타락과 구원이다. 아담의 죄로 상실된 낙원이 예수 그리스도로 말미암아 복원이 되는 것이다.

기독교는 많은 신비와 기적을 동반하고 있다. 신앙을 강조하는 초이성 종교이기 때문에 불합리한고로 믿는 종교다. 그리고 철저한 유신종교로써 인간 구원은 신이 구원해 준다는 외적인 구원을 강조한다.

유대교의 형식에 반대하고 율법의 낡은 질서에서 내적 생명력을 강조하는 이 기독교는 이스라엘에서 탄생했으나 이스라엘에서 뿌리를 박지 못하고 배척을 받은 종교다.

인간이 지켜야 할 계명으로는 구약에서 모세가 시내산에서 하나님께 받아 선포한 국민윤리 십계가 있고. 신약에서는 예수님의 산상 팔 보훈이 있다.

십계명
1. 하나님만을 섬길 것
2. 우상을 숭배하지 말 것

3. 여호와를 망령되이 말 것

4. 안식일을 거룩히 지킬 것

5. 네 부모를 공경할 것

6. 살인하지 말 것

7. 간음하지 말 것

8. 도적질하지 말 것

9. 거짓말하지 말 것

10. 탐내지 말 것

산상팔보훈山上八寶訓

1. 심령이 가난한 자의 복, 천국이 저희 것임

2. 애통하는 자의 복, 위로를 받음

3. 온유한 자의 복, 땅을 기업으로 받음

4. 의에 주리고 목마른 자의 복, 배부를 것임

5. 긍휼이 여기는 자의 복, 긍휼이 여김을 받음

6. 마음이 청결한 자의 복, 하나님을 봄

7. 화평케 하는 자의 복, 하나님의 아들로 칭함을 받음

8. 의를 위하여 핍박을 받는 자의 복, 천국이 저희 것임

산상보훈의 중요성: 예수님이 직접 우리에게 주신 말씀이다. 모세의 십계명은 구 도덕률이고 예수님의 산상수훈은 신 도덕률이다. 구약의 모세는 예언자이고, 신약의 예수는 그 예언의 성취이다.

구약이 그림자라면 신약은 실체이며, 구약이 현상계라면 신약은 본질계이다. 그리고 예수는 율법을 폐하러 온 것이 아니고 온전하게 하러 왔다(마5:17)고 했다.

예수 그리스도의 지상 대강령: 네 마음을 다하고 목숨을 다하고 뜻을 다하여 주 너의 하나님을 사랑하라 하셨으니 이것이 크고 첫째 되는 계명이라 했고, 둘째도 그와 같으니 네 이웃을 네 자신 같이 사랑하라 했는데, 이 두 계명이 온 율법과 선지자의 강령이라는 것이다.

신조의 종교 회회교Mohammedanism

신조의 종교, 회회교回回敎는 교주 마호메트로부터 시작된다. 이슬람교 또는 모하메드교라고도 불리는 이 종교는 코란을 경전으로 하고 있다. 이슬람이란 말은 살람에서 온 말인데, 그 의미는 인간이 신에게 정복당했을 때 진정한 평화가 온다는 뜻이다.

A.D.570년 경 아라비아 반도 메카에서 코레이쉬족 바누하심 가문에서 무명의 부친 유복자로 태어난 그는 6세 때 어머니를 여의고 할아버지와 삼촌 밑에서 12세까지 양육을 받았고 그 후에는 고아가 되었다.

상업 차 애굽과 중동 여러 나라를 왕래하며 견문을 넓히고 종교의 접촉에서도 큰 영향을 받은 그는 25세가 되었을 때 당시 40대의 부유한 과부 카디자와 결혼하여 많은 자녀를 낳았다.

그리고 25년 후에 부인이 죽자 다시 11명의 부인과 2명의 첩을 두고 살다가 A.D.632년 6월8일에 세상을 떠났다.

그는 인생의 적을 무질서無秩序로 보았다. 무질서란 종교적 무질서와 사회적 무질서를 말한다. 이 문제해결을 위해서 그는 40세에 깊은 동굴에 들어가 기도하고 묵상한 끝에 히라산에서 천사 가브리엘의 지시를 받고 알라신을 절대신으로 하는 유일신교를 강제로 완성시킨 사람이다.

그가 말한 종교적 무질서로는 사막의 오아시스를 상징하는 여러 여신상과 태양신, 비신, 전쟁신 등 여러 다신교를 부당하게 생각하였고, 유대교의 선민사상을 부당하게 생각하였으며 기독교의 삼위일체 신관도 부당하게 생각하였다.

그리고 사회적 무질서로는 당시 사막에서 그들의 생활이 야만적이고 평온한 날이 없었다. 물질이 결핍하고 싸움이 만성되어 있었다. 지방과 도시에서 강도와 강간이 만성되어 있었다.

6세기경 메카의 정치적 몰락으로 말미암아 사회가 혼란에 빠져 있었다. 도박, 음탕, 방탕, 싸움, 살인이 심하여 수습할 길이 없었고 당시 여성들은 정착지를 상실하였으며 보편화된 종교는 그 역할을 상실하였다.

마호메트는 어떻게 하면 이 무질서에서 벗어나 질서의 세계를 심을 수 있을까 하다가 그 회답을 정의正義라고 생각했다. 정의의 정正은 인간이 걸어가야 할 바른 일 바른 길이고, 의義는 인간이 지켜야 할 도리道理를 말한다.

여기에서 마호메트는 인간이 이 길을 가게 하기 위해서 위대한 칼의 힘을 강조한다. 코란경에서 우리는 그의 교훈을 배울 수 있다.

공동생활의 질서를 위한 코란경의 4대 교훈은 경제적 규칙을 위한 메시지로는 전 재산의 1/40을 매년 가난한 자를 위한 가난세로 낼 것, 장자의 상속권을 고쳐 아들 딸 구별 없이 나누어주는 균등제를 실시할 것, 꾸어준 돈은 약간의 선물은 가하나 이자는 받지 말 것, 노동하지 아니하고 번 돈은 자기 것이 아님으로 기부금으로 낼 것.

여자들에 관한 메시지로는 일부다처주의를 허용할 것(이것은 여성을 무시해서가 아니고 결혼확립을 위해서다). 일부다처주의를 하되 공평의 원리에서 벗어나면 안 된다.

만약 외도를 하면 사형을 감수해야 한다. 또 결혼할 때마다 전처의 동의를 얻을 것, 그리고 모든 부인을 균등히 사랑할 것(마호메트 이전에는 여성들은 상속권이나 교육이 없고 참정권도 없으며 산 채로 매장하는 일도 있었다).

인종관계에 대한 메시지로는 극심한 계급사회에서 민주주의적 평등을 강조한다. 타 인종과 결혼을 권장하며 인종적 무차별을 강조한다. 마호메트는 모두가 형제임을 강조한다.

힘의 이용에 대한 메시지로는 아무에게도 타협하지 않은 유일신교를 강조한다. 칼로 무자비하게 나쁜 행실을 벌하는 것을 허용한다. 이 칼은 정의의 칼임을 강조한다. 곧 잘못을 바로 잡는 칼이다. 개종을 위해서 칼을 사용하지는 않는다.

6대 신앙: 유일신 알라신을 믿는 신앙, 알라의 천사를 믿는 신앙, 알라의 책 코란을 믿는 신앙, 알라의 예언자를 믿는 신앙, 알라의 심판 천당 지옥을 믿는 신앙, 알라의 작정(예정)을 믿는 신앙.

5대 의무: 알라는 유일신, 마호메트는 그 예언자라고 매일 암송할 것.
코란경에 명시된 5번의 기도. 새벽, 정오, 해지기 전, 해질 때, 해진 후에 꼭 메카를 향하여 기도할 것.
수입의 1/40을 바쳐 자선할 것.
9월에는 금식기도를 할 것.(9월은 천사 가브리엘이 하늘로부터 코란경을 주었다고 믿음)
평생에 한 번은 메카를 방문할 것.(이때는 모두가 흰 가운을 입는데 이는 무계급을 상징한다)

헤지라Hegira: 유일신교를 믿는다는 이유로 마호메트가 많은 우상을 파괴하자 우상의 도시 메카 시민들의 반발로 그는 북쪽 야스립으로 도망하였는데, 이 날이 A.D.622년 7월15일(음6월16일)로써 역사의 헤지라로 삼는다. 그리고 7월15일은 마호메트의 생일이 아니고 기원원년 1월 1일로 삼는 날이다.

성전Holy War: 필요한 지금조달을 위하여 마호메트가 군대를 조직하고 대상들을 습격하였다. 알라를 위하여 싸우다 죽은 사람들은 모두가 천당에 간다는 교훈과 함께 칼이 아니면 코란을 받으라는 전쟁을 성전이라고 한다. 이 성전이 야스립에서 메디나로 번져갔고, 631년에는 메카를 포함한 전 아랍권이 전부 정복되었다. 그리고 A.D.632년에 마호메트는 메카에서 죽었다.

계급의 종교 힌두교Hinduism

계급의 종교, 힌두교는 인도에 있어서 고대 정통사상인 브라만교가 복잡한 민간신앙과 더불어 발전한 여러 종파의 총칭이다. 일명 인도교印度敎라고도 하는 이 종교는 베다를 경전으로 하고 있다.

B.C.800년경에 기록된 우파니샤드에 의하면 이들은 옛날 여러 신들 중에서 브라마, 비쉬누, 시바 이 3신을 주신으로 하고 있다. 이것을 우리는 힌두 터리어드Hindu-Threead라고 부른다.

브라마―자존자, 창조자, 무한자이고
비쉬누―태양신이고
시바―생명의 신으로 파괴하고 재생하는 신이다.

여기에서 또 많은 종파가 생겨나갔다. 힌두교라고 하는 한 공동체 속에서 여러 종파를 가지고 있는 이들은 각기 서로 다른 신을 믿으면서도 다음과 같은 공통적인 신조와 사상과 제도를 가지고 있다.

힌두교 십 신조
1. 브라만에서 생겨난 카스트제도를 일반적으로 승인한다.

카스트 제도란?

사제계급 – 입에서 나오는 존엄한 브라만 인

무사계급 – 팔에서 나오는 크샤트리아 인

상인계급 – 넓적다리에서 나오는 바이샤 인

하인계급 – 발에서 나오는 수드라 인을 말한다.

2. 제 파는 각각 많은 신들 가운데서 특정한 신을 믿지만 서로가 배타적 경향은 없다.

3. 제 파는 다 같이 영혼 불멸을 인정하고 윤회에서 해탈을 할 수 있다고 믿는다.

4. 온 세계 만물이 정기적으로 창조되고 존속되고 파괴되는 과정을 되풀이한다고 믿는다.

5. 종교의 실천 사항으로는 수련이 최고임을 믿고, 출생부터 죽을 때까지 모든 삶이 종교의례와 결부되어 있다.

6. 살생을 금하고 육식을 금하며 자선과 관용을 권장한다.

7. 소는 성우聖牛임을 믿기 때문에 어떤 계급을 막론하고 소를 잡아먹을 수 없다.

8. 딸을 가지는 것은 불행으로 알았고, 여자로 태어남은 전생의 죄의 결과로 본다.

9. 홀아비는 결혼을 할 수 있으나 과부는 재혼을 금했다.

10. 사티Sati라고 하는 행사가 있는데, 이 행사는 남자의 죽음을 따라 여자가 불에 뛰어드는 행위를 말한다. 이것을 여자의 최상의 헌신으로 생각한다.

힌두교의 우주관: 우주에는 여러 세계가 있는데 좋은 세계는 위로 상승하고 나쁜 세계는 밑으로 내려가고, 인간의 영혼은 그 행적에 따라서 적당한 곳으로 간다고 믿는다.

힌두교의 시간관: 우주의 시간은 1000년마다 새 한 마리가 입에 수건을 물고 히말라야 산을 스치는데, 이렇게 해서 이 산이 다 닳아 없어지는 시간을 그들은 우주의 1시간으로 생각한다.

진리를 향한 4종의 인간
1. 철학으로 신을 찾아가는 사색적인 인간
2. 사랑으로 신을 찾아가는 감상적 인간
3. 노동으로 신을 찾아가는 활동적 인간
4. 심리적, 경험적 훈련을 통하여 신을 찾아가는 심리적 인간이 있다고 믿는다.

공의의 종교 유대교Judaism

공의의 종교, 유대교는 고대 히브리 사람들의 종교로부터 시작된다. 언제부터 유일신적 유대교가 시작되었는지는 잘 알 수 없으나 알렉산더 대왕의 정복과 주후 원년 사이에 성문법(모세5경)과 구전법을 엄격히 지키는 것이 생존의 수단이라고 보는 랍비적 유대교가 일어났다.

이들이 그들의 과업을 수행하기 위해서 남들로부터 분리되었는데, 이들이 곧 바리세요, 많은 사람들이 그들을 따랐다.

흩어져 사는 유대인 거주지에 회당제도를 수립하였고, 성서를 탈굼으로 번역한 경전을 가지고 있었는데, 이 경전이 점차 집대성되어 탈무드가 되었다.

좁은 의미에서 본 유대교는 바벨론 포로 후의 율법중심 종교를 말하고, 넓은 의미에서 본 유대교는 구약 종교와 유대 민족의 종교적 소산 전부를 말하는 것이다.

유대교의 특색은 하나님은 이스라엘만 축복하고, 이스라엘은 하나님의 백성이란 것이다. 위의 신인神人 특수 관계에서 선민사상이 생겼다.

모세의 율법을 기초로 하여 할례를 행하고, 안식일을 지키며, 종교적 훈련을 받고, 일상생활에서 율법의 통제 속에 살아가고 있다. 그리고 이들은 앞으로 메시야가 온다고 믿는다.

현대 유대교가 가지고 있는 13신조

1. 창조주와 그 섭리를 믿는다.
2. 하나님은 한 분이심을 믿는다.
3. 하나님은 영적 존재임을 믿는다.
4. 하나님은 영원한 분임을 믿는다.
5. 하나님만이 예배를 받을 수 있음을 믿는다.
6. 선지자들의 모든 예언은 진실임을 믿는다.
7. 모세가 가장 위대한 선지자임을 믿는다.
8. 시내산에서 모세가 율법을 받은 것을 믿는다.
9. 계시된 율법은 불변임을 믿는다.
10. 하나님의 전지성을 믿는다.
11. 하나님은 의인에게 상을, 죄인에게 벌을 줌을 믿는다.
12. 메시아가 올 줄로 믿는다.
13. 죽은 자의 부활을 믿는다.

중심 교리

1. 하나님에 대하여는 하나님의 인격성, 하나님의 유일성, 하나님의 전지전능성을 강조한다.
2. 인간에 대하여는 인간은 미약한 존재(이슬, 꽃, 티끌)이지만 신 다음 가는 존재, 타락한 존재, 구원받아야 할 존재임을 강조한다.
3. 속죄에 대하여는 인간이 회개하고 기도하고 친절을 행함으로 속죄

될 수 있음을 강조한다.

4. 메시야 대하여는 정치적 메시야가 꼭 온다고 믿고, 죄로 인하여 신이 인간을 벌하지만 후에는 신이 꼭 구원해주심을 강조한다.

5. 계시에 대하여는 구약성서가 계시임을 믿는다.

의미에 대한 열정

1. 하나님에 대한 의미로는 하나님은 최고의 신으로 자연을 초월하는 신이며 늘 인간과 직면해있는 인격적인 신으로 믿는다.

2. 창조에 대한 의미로는 태초에 하나님이 천지를 창조하였는데, 그 의미는 생육하고 번성하라는 낙천적인 것으로 믿는다.

3. 인간에 대한 의미로는 하늘의 웅장함에 비해 인간은 초라한 티끌로 보고(시34:10), 자연의 힘에 비해 꽃이나 풀같이 단명한 존재로 보며(시90:7), 또 고통 중의 존재로 보지만, 한편으로는 인간의 위대성을 노래하고 하나님의 총애를 받는 존재에 의미를 둔다.

4. 역사에 대한 의미로는 역사는 문제를 일으키고 문제가 성취조건이 된다고 믿는다. 그리고 사건이 삶의 중요한 역할을 하며, 역사는 항상 인간에게 기회를 주는 무대로 생각한다. 우연은 없으며 역사가 제공해주는 기회는 같은 것이 없다는 것이다.

5. 윤리에 대한 의미로는 인간의 행동을 조절하는 계명이 구약에서 613개가 있다. 그리고 10계명 때문에 이스라엘 사람은 세계에 위대한 영향을 주었다. 인간이 이 윤리의 기초를 벗어나면 어려운 재난

이 온다고 생각한다. 십계명은 세계윤리의 초석이 되었다.

6. 정의의 의미로는 인간이 걸어가야 할 바른 길과 인간이 지켜야할 도
   리를 다하도록 하나님은 예언자들을 통해서 윤리적 메시지를 선포
   한다고 믿는다.

7. 고통의 의미로는 애굽에 있을 때 또는 바벨론의 포로에 있을 때 그
   들은 고난의 의미가 무엇인지를 배웠고 희망이 없이 포기하거나 또
   는 좌절을 죄라고 규정했다.

8. 선택받은 백성의 의미로는 하나님이 유대인만을 택하였다는 말은
   참 이해하기 힘들지만 그러나 이들은 신이 인류 모든 민족에게 토라
   를 주었는데 유대인만이 그 요구에 응했다고 믿는데 의미를 둔다.

金 正 薰

경북 김천

배움터

장로회 신학대학교 졸업 (신학사)

한남대학교 졸업 (문학사)

연세대학교 교육대학원 졸업 (교육학석사)

미국 샌프란시스코 신학대학원 연수

풀러 신학대학원 (목회신학박사)

일터

광주보병학교 군목임관

진안제일교회 담임목사

관동대학교 교수/교목실장/상담실장

인문대학장/선교신학대학원장

미국 뉴-브룬스윅 신학대학원 교육부파견 연구교수

명예교수 추대

표창

관동대학교 30년 근속표창

관동대학교 50주년 공로표창

문교부 장관 교육 공로표창

대통령 표창 옥조근정 훈장

이야기 공감

김정훈 목사의 5분 칼럼

초판 1쇄 인쇄일	2020년 5월 25일
초판 1쇄 발행일	2020년 5월 30일

지은이	김정훈
펴낸이	정진이
편집/디자인	우정민 우민지
마케팅	정찬용 정구형
영업관리	한선희 최재희
책임편집	우정민
펴낸곳	국학자료원 새미 (주)
	등록일 2005 03 15 제25100-2005-000008호
	경기도 고양시 일산동구 중앙로 1261번길 79 하이베라스 405호
	Tel 442-4623 Fax 6499-3082
	www.kookhak.co.kr
	kookhak2001@hanmail.net

ISBN	979-11-90476-49-2 *03230
가격	20,000원

* 저자와의 협의하에 인지는 생략합니다.
  잘못된 책은 구입하신 곳에서 교환하여 드립니다.
  국학자료원 · 새미 · 북치는마을 · LIE는 국학자료원 새미(주)의 브랜드입니다.
* 이 도서의 국립중앙도서관 출판예정도서목록(CIP)은 서지정보유통지원시스템 홈페이지(http://seoji.nl.go.kr)와 국가자료
  종합목록 구축시스템(http://kolis-net.nl.go.kr)에서 이용하실 수 있습니다. (CIP제어번호 : CIP2020020377)